—经济法专题研究书系—

KEJI BEIJING JIANSHE DE

FAZHI BAOZHANG YANJIU

科技北京建设的法制保障研究

傅强　等著

知识产权出版社

全国百佳图书出版单位

图书在版编目（CIP）数据

科技北京建设的法制保障研究／傅强等著．—北京：知识产权出版社，2014.6

ISBN 978－7－5130－2803－5

Ⅰ．①科…　Ⅱ．①傅…　Ⅲ．①科技法学－研究－北京市　Ⅳ．①D927.102.174

中国版本图书馆CIP数据核字（2014）第140516号

内容提要

“科技北京”法制保障的基本内涵是什么？“科技北京”计划对法制保障具体有哪些要求？北京市科技立法和科技司法存在哪些薄弱环节？政府在科技创新中的角色定位如何？政府在服务科技创新中应采取什么样的行为方式？本书从法律的研究视角，运用法律的研究方法，在对北京市科技创新状况进行深入调研和参阅大量国内外科技立法资料的基础上，围绕上述“科技北京”法制保障的问题进行研究，提出了完善“科技北京建设”法制保障的意见和建议。

责任编辑： 彭小华　　　　**封面设计：** SUN工作室

特约编辑： 赵笑然　　　　**责任出版：** 刘译文

科技北京建设的法制保障研究

傅　强　等著

出版发行： 知识产权出版社有限责任公司	**网　址：** http://www.ipph.cn
社　址： 北京市海淀区马甸南村1号	**邮　编：** 100088
责编电话： 010－82000860转8115	**责编邮箱：** pengxiaohua@cnipr.com
发行电话： 010－82000860转8101/8102	**发行传真：** 010－82000893/82005070/82000270
印　刷： 北京富生印刷厂	**经　销：** 网上书店、新华书店及专业书店
开　本： 880mm×1230mm　1/32	**印　张：** 6.25
版　次： 2014年7月第一版	**印　次：** 2014年7月第一次印刷
字　数： 150千字	**定　价：** 25.00元

ISBN 978－7－5130－2803－5

前　言

2008 年 9 月，北京市委首次提出了“人文北京、科技北京、绿色北京”三大理念，并将奥运筹办工作中形成的三大理念转化为北京今后发展的新思路。“科技北京”理念，是科技社会化发展趋势的客观反映，也是应对科技国际化挑战、解决新形势下北京城市经济社会发展中出现问题的必然要求，与我国转变经济发展方式、坚持创新驱动、建设创新型国家的发展战略高度契合。

自 2009 年以来，北京市委、市政府发布实施了《“科技北京”行动计划（2009～2012）——促进自主创新行动》《中关村国家自主创新示范区条例》《科技北京青年行动计划（2010～2012 年）》《中关村“1＋6”鼓励科技创新和产业化的系列先行先改革政策》《“十二五”时期科技北京发展建设规划》《关于深化科技体制改革加快首都创新体系建设的意见》等一系列促进“科技北京”建设的政策、法规，极大地提升了首都自主创新能力和水平，促进了科技成果在民生领域的推广应用，促使经济增长质量显著提高，推动首都建设发展和社会环境不断完善。

但在“科技北京”计划的实施过程中，仍存在不少困扰和阻碍科技创新的因素和问题，包括：在科技创新的监督、科技产品的推广应用和消费等问题上，政府角色定位不清，存在“越位”和“失位”现象；科技成果转化的主体地位不够明确，科技成果转化和产业化的体制、机制不尽完善，导致从事科技创新研发的科研院所、高校与运用科技成果的企业之间缺乏链条式的联系，无法实现科技创新成果迅速向生产力的转化；科技服务水平和科技基础设施共享化程度偏低；科技人才的评价、引进、流动机制和激励机制不健全，对科技人才资源的促进和保障力度不够；科技服务水平和科技基础设施社会共享化偏低；科技中介机构的法律地位、产权制度、组织形式和投入机制尚不够清晰；对实验动物的监管已不适应新形势的需要，存在一定的公共卫生和社会安全隐患等等。

科技体制、机制不够健全、法制保障的广度和深度不足，是上述问题背后的深层次原因，比如，在科技立法方面，立法的系统化程度不够高，可操作性不强，立法规范调整的范围较窄等；在科技司法保障方面，司法保障不到位，对法规的执行易产生矛盾或者衔接上的真空，随意性较强，执行效果不佳。要清除困扰“科技北京”计划的问题和障碍，根本出路是在北京市科技创新实践基础上，借鉴科技发达国家的成功经验，完善科技立法和司法，健全科技体制、机制，将与科技有关的各种活动和基本关系，纳入制度化和法律化的轨道，确立与十八大报告“创新驱动”战略和“科技北京”发展需求相适应的科技管理制度和政府工作模式，为科技创新和经济发展创建宽松、激励的社会环境。

“科技北京”法制保障的基本内涵是什么？“科技北京”计划对法制保障具体有哪些要求？北京市科技立法和科技司法存在哪些薄弱环节？政府在科技创新中的角色定位如何？政府在服务科技创新中应采取什么样的行为方式？这些都是完善“科技北京”法制保障亟须回答和厘清的理论与现实问题。

2012年8月，北京市行政学院法学教研部、政府法治研究中心受北京市科委的委托，成立“科技北京建设的法制保障研究”课题组，由法学教研部主任、政府法治研究中心主任金国坤教授担任课题组负责人，由北京市行政学院法学教研部、北京市政府法治研究中心骨干教师和研究人员担任课题组人员，从法律的研究视角，运用法律的研究方法，在对北京市科技创新状况进行深入调研和参阅大量国内外科技立法资料的基础上，围绕上述“科技北京”法制保障的问题进行研究，提出了完善“科技北京建设”法制保障的意见和建议，本书即为课题的最终成果。作为专门研究“科技北京建设”法制保障的著作，希望能够对北京市科技行政决策、科技立法和科技司法提供有益的借鉴。不当之处，敬请批评指正。

本书章节分工如下：

第一章，韩德强；第二章，王丽霞；第三章，傅强；第四章，贾小雷；第五章，季桥龙。全书由傅强统稿。

目　录

第一章　科技北京建设的法制保障概论

"科技北京"的提出和实施，对政府法制建设提出了新的要求，也为建设法治政府提供了契机。科技北京需要法制的保障，北京市立法、执法和司法行为要适应科技北京建设的需要，法治政府建设要符合人文北京、科技北京、绿色北京的要求。为全面推进依法行政，建设法治政府，本章就科技北京的内涵和基本内容、科技北京对法制保障的要求等问题作简要的描述，为建立符合科技北京需要的法制保障体系奠定理论基础。

一、科技北京的内涵及其意义

（一）"科技北京"的提出和基本内涵

2008年9月，在北京市奥运会残奥会总结表彰大会上，时任市委书记刘淇第一次提出"人文北京、科技北京、绿色北京"的理念。北京在奥运筹办过程中所积累的成功经验，也是在将来深入推进改革开放和现代化建设各项事业过程中的宝贵财富。把奥运筹办工作中形成的"人文、科技、绿色"三大理念转化为北京今后发展的新思路，就是把以人为本、科技创新、生态文明的要求摆在了一个更加重要的位置，也是对奥运会筹办过程中深入贯彻落实科学发展观的延续和深化。"科技北京"理念的提出是对"科技奥运"理念和成就的吸收与发展，是对科学发展观的创造性应用。同时，科技北京理念还是STS理论[1]的生动展现，是科技进步与经济增长理论的具体实践。之所以要将“科技奥运”提升为“科技北京”，有两方面的原因：首先是理念的价值；其次是科技的魅力。将“科技奥运”提升为“科技北京”，其核心就是要在弘扬奥林匹克精神的基础上进一步寻找北京的城市品格和灵魂，并将科技精神源源注入其中，使所有的活动、项目和产业皆以此为技术支持。

“科技北京”的内涵是：紧密结合国内外科技最新进展，集成全国科技创新成果，提高北京科技创新能力，推进高新技术成果的产业化和在人民生活中的广泛应用，使北京市成为展示新技术成果和创新实力的窗口。具体包括：实施市民学科学工程，引导市民科学生活；实施创新精神培育工程，营造良好的创新创造氛围；实施科普能力提升工程，全面加强首都科技建设；实施科普精品工程，打造科技原创之都；实施科技资源科普化工程；加强交流合作，提升首都科技资源集聚和高端辐射能力。“科技北京”的核心是科学技术是第一生产力，确保“科技北京”理念与行动能达到制度化、体系化和生活化，使科学技术成为北京城市发展的品格和动力，使“科技北京”理念成为城市相关事业的准则，并在全体市民中达成共识。

建设“科技北京”，就是要充分发挥首都的科技智力优势，加快经济结构调整和经济发展方式转变，切实把经济发展转变到依靠科技进步、劳动者素质提高、管理创新的轨道上来；就是要切实增强自主创新能力，推动科技创新，推进高新技术成果在城市管理与群众生活中的广泛应用，加快创新型城市建设；就是要大力推进改革创新，努力构建充满活力、富有效率、更加开放、有利于科学发

[1] 科学（Science）、技术（Technology）、社会（Society）的研究简称为STS研究，它探讨和揭示科学、技术和社会三者之间的复杂关系，研究科学、技术对社会产生的正负效应。其目的是要改变科学和技术分离，科学、技术和社会脱节的状态，使科学、技术更好地造福人类。

展的体制机制。[1]

“科技北京”的内涵，既继承了人类科学技术进步发展的内在精神，是科学发展观在北京城市发展过程中的体现，又是北京市人民创造性地继承“科技奥运”的精神，根据北京城市发展的实际制定的战略决策。有学者研究认为，“科技北京”具有如下特征：第一，“科技北京”是一种理念，是符合科学发展观的、关于北京科学发展的理念；第二，“科技北京”是一个战略，是“人文北京、科技北京、绿色北京”三大战略的有机组成部分；第三，“科技北京”是一条途径，是经济结构调整以及发展方式转变的途径，是社会发展的途径，是人的全面发展的途径；第四，“科技北京”是一个目标，是科技进步的目标，是城市科学发展的目标。[2] 人与社会的全面发展是“科技北京”的根本目的。“科技北京”的提出意味着北京的发展将紧紧围绕着“发展为人民，发展成果由人民共享”这样的目标。无数的实践告诉我们，只有把经济建设的目标定位于北京的民生改善，北京的发展才能具有最广泛深厚的群众基础，才能激发广大群众的首创精神和凝聚力，为北京的发展找到源头活水。反之，如果北京的发展与人民的利益无关，甚至损害人民的正当利益，不能为人民带来自我发展和提升的空间和机会，那么，北京的发展就背离了其根本方向，北京就会失去活力和吸引力，失去人民的支持和参与。

（二）科技北京建设的重要性

当前，世界经济、科技发展的新格局正在形成，我国转变经济发展方式，进入坚持创新驱动、建设创新型国家的关键时期，科技创新已成为从根本上转变经济发展方式、实现经济结构的战略性调整的核心和关键。为此，国家对科学进步和科学技术创新极为重

[1] 刘淇：“建设‘人文北京、科技北京、绿色北京’”，载《求是》2008年第23期，第6页。

[2] 张耕：《科技北京建设研究》，中国经济出版社2012年版，第58页。

视。2012 年 5 月，中共中央政治局召开会议，专题研究深化科技体制改革、加快国家创新体系建设。会议要求要着力解决制约科技创新的突出问题，充分发挥科技在经济发展方式转变和经济结构调整中的支撑引领作用，加快建设国家创新体系，为到 2020 年进入创新型国家行列的目标奠定坚实基础；并明确“要落实和完善相关法律法规和政策措施，为科技创新发展提供有力保障。”2012 年 7 月，党中央、国务院召开全国科技创新大会。会议强调全党全社会要切实增强大局意识、创新意识和责任意识，坚定不移地走中国特色自主创新道路，以改革创新精神加快推进创新型国家建设。围绕科技与经济紧密结合、使企业真正成为技术创新主体这一核心，突出强调了增强企业创新能力的重要性和紧迫性。强调要从支持企业建立研发中心、以企业为主导深化产学研结合、建立科技资源开放共享机制、创造公平开放的市场环境等方面增强企业创新能力；要从财税、金融、产业技术、人才等方面进一步完善和落实支持企业创新的重大政策。2012 年 11 月，党的十八大报告明确提出了到 2020 年实现“科技进步对经济增长的贡献率大幅上升，进入创新型国家行列”的战略目标。要实现这样的战略目标，就要“实施创新驱动发展战略”。报告对科技创新的战略定位、发展目标、实现道路、重点任务、政策保障作出了全面部署，特别指出“科技创新是提高社会生产力和综合国力的战略支撑，必须摆在国家发展全局的核心位置”，可以看出，党对科技创新工作重要性的认识达到了新高度，对科技创新驱动发展战略定位作了新提升。

在此关键时期，北京作为首都，拥有雄厚的科技创新资源，理应在推动科学发展、加快转变经济发展方式中做好标杆和火炬手。北京市确定了建设中国特色世界城市的目标，作为国家首都的北京市面临着新的发展机遇和挑战，可以说，首都科技发展正值大有可为的重要战略机遇期，在国家建设和发展中将发挥重要作用。当前，国家综合国力和首都城市影响力整体提升，使全球更加关注中国、关注北京，为我们在更高层次上参与全球分工提供了新的契机。为此，北京必须高度重视在全球范围内吸引和集聚资源，着力推进国际化进程，加强以科技创新促进战略性新兴产业发展，力争在新一轮全球科技和产业竞争中抢占先机。经过“十一五”的良好开局，“十二五”时期我国进入了转变经济发展方式、建设创新型国家的攻坚阶段。北京市作为全国创新资源最为密集的地区，有责任、有条件发挥先导和示范作用，在积极服务和配合国家科技重大专项与重大科技基础设施建设的同时，提升自身持续创新能力；在深入开展中关村国家自主创新示范区政策先行先试的基础上，加快探索和推进创新型城市建设进程。率先形成创新驱动的发展格局，为创新型国家建设作出实质性贡献。

当今科技与社会融合发展趋势越来越突出，对国际化发展、国家创新体系建设以及处于经济转型关键期的北京经济社会发展产生了一系列深刻影响。科技社会化与社会科技化发展已经使得科技与经济社会的发展紧密联系在一起，无论是国际层面、国家层面还是区域（城市）层面，不论是科技领域还是经济、社会和环境领域，任何重大问题的解决已经不可能单纯从科技或经济社会单一角度解决，而必须将科技与区域经济社会环境发展联系在一起考虑。在这样的大背景下提出“科技北京”理念、阐述科学技术与城市（区域）发展的关系问题，既是科技社会化发展趋势的客观反映，又是应对科技国际化挑战、建设创新型国家、解决新形势下北京市城市经济社会发展中出现问题的必然要求。[1]

二、科技北京建设的成效和不足

2009 年，北京市委、市政府发布实施《“科技北京”行动计划（2009 ~ 2012）——促进自主创新行动》，明确了新形势下推动科

[1] 张耘、傅正华：“‘科技北京’的理念与内涵”，载《城市管理与科技》2010 年第 1 期，第 29 页。

技北京建设的指导思想、总体目标、主要任务和重要举措，提出了实施“2812 科技北京建设工程”[1]，加快推进中关村国家自主创新示范区建设，努力把北京市建设成为我国创新发展的核心引领区和具有全球影响力的科技创新中心。四年来，北京市通过“科技北京”行动计划的实施，推动中关村国家自主创新示范区建设取得新进展，区域创新资源得到进一步聚集，示范带动效应不断显现；一批重大科技成果在京落地转化，有力提升了首都自主创新能力和水平；八大科技振兴产业工程推动了首都产业结构优化升级，促进经济增长质量显著提高；十二项科技支撑工程围绕百姓生活及首都可持续发展，部署应用技术研究，促进科技成果在民生领域推广应用，推动了首都建设发展和社会环境不断完善。[2]

科技北京建设的成效，与政府在科技管理和服务中的作用密不可分。为推动科技北京建设，北京市率先在全国建立了对接国家科技重大专项的统筹协调机制，形成“市联席会议——审核工作小组——各专项牵头部门”三级组织管理体系，制定实施《国家科技重大专项地方配套管理办法》，确定了每年 100 亿元统筹资金优先用于保障国家科技重大专项地方配套的原则。与科技部建立了部市会商工作机制，采取“直通车”方式，共同筛选重大关键技术攻关、成果产业化及重大示范项目，进一步加强了与国家发改委、

---

[1] “2”是指两项对接，通过积极对接国家重大科技专项和国家重大科技基础设施建设项目，进一步增强首都自主创新能力；“8”是指八大科技振兴产业工程，统筹整合首都人才、资金、政策等各类创新资源，在电子信息、生物医药、新能源和环保、汽车、装备制造、文化创意、科技服务、都市型现代农业等产业集中支持一批产学研用项目，努力在重大关键技术上形成突破，到 2012 年，力争新增产值超过 5000 亿元。“12”是指十二项科技支撑工程，集中在食品安全、医疗卫生与健康、科技交通、新能源汽车等领域，推广一批具有自主知识产权，并能带动形成新的市场需求，改善民生的新的技术和产品，提升科技惠民能力。

[2] “‘科技北京’行动计划完美收官　八项主要指标超额完成”，载《北京日报》2013 年 1 月 28 日，http：//news. hexun. com/2013 - 02 - 01/150835883. html，访问日期：2013 年 7 月 12 日。

工信部、财政部、卫生部等部委的协同工作机制。北京市在推进科技北京建设中，注重发挥政府的引导作用，营造自主创新和科技成果转化的环境。北京市政府建立了政府资金统筹使用机制，重大项目和政府资金实现整合。将市发改委、科委、经信委、财政局、国资委、中关村管委会、北京经济技术开发区管委会等部门用于支持科技成果转化和产业化的资金统筹使用，联合筛选项目。

北京市统计局对“科技北京”行动计划实施进程监测评价显示，科技北京在发展过程中也还存在着一些不足。如，科研人员规模具有优势，但从人才资源现状看，高端国际化科技领军人才相对缺乏。具有国际视野的高技术人才的引进、人员流动机制和激励机制需要进一步完善，这样，才能使北京在拥有科技人才规模优势的基础上，优化人才配置结构。特别是北京市企业的创新活力仍需提升，创新主体地位需要加强。目前，北京市企业研发资源与科技发展前列国家相比存在着差距。从 R&D 经费[1]的执行部门看，多数国家和地区的企业所占比重均较高。2010 年，北京市企业 R&D 经费支出占全社会 R&D 经费支出的比重为 36.4%。而 2009 年，欧盟国家的企业 R&D 经费支出所占比重为 60.7%，高出北京 24.3 个百分点。OECD[2] 成员国企业 R&D 经费支出所占比重为 69.6%。监测评价报告提出，针对北京市的企业科技资源所占比重较低，自主创新能力不高这一情况，可以通过资金倾斜、税收优惠、引进专业化的高端投资机构，拓宽融资渠道等为企业科技创新提供资金保障；支持企业激励机制改革，吸引优秀科研人员进入企业；发挥北京市公共科技资源密集的优势，整合形成面向企业开放的技术创新服务平台，促进科技资源的开放共享，为企业科技创新提供支持；

---

[1] R&D：指研究与试验发展。

[2] 经济合作与发展组织（Organization for Economic Co-operation and Development）简称经合组织（OECD）。

鼓励企业以需求和应用为导向，推动新产品研发和销售。[1]

三、科技北京法制保障的必要性

中共中央政治局委员、国务委员刘延东在出席《国家自然科学基金条例》公布实施5周年座谈会时强调，要加强科技法制建设，依法保障和推动科技创新。她指出，国家制定实施科技法律法规，核心任务是支撑高质量科学技术研究和高水平人才培养，根本目的是提高自主创新能力。要坚持立足国情，借鉴国际先进经验，遵循科技发展规律，不断完善中国特色科技法律体系。同时，将贯彻科教兴国战略和依法治国方略有机统一，不断推进科技法制建设，提升科技规范化管理水平，更好地鼓励创新实践，保护创新热情，为建设创新型国家提供坚实保障、凝聚强大动力。[2]

（一）西方国家科技创新的法制保障及其作用

据初步统计，目前，日本有关科技的法规有200多部，包括：科技行政机关的设置法、组织令和组织规则（如《科学技术厅设置法》《科学技术厅组织令》《科学技术厅组织规则》等）；科学研究机构的设置法和组织法（如《航空育种技术研究所组织规则》《无机材料研究所组织规则》《水户原子能事务所组织规程》等）；科技研究机关和研究机构的定员法（如《行政机关职员定员法》《行政机关职员定员令》）；科技咨询机构的设置法和组织法（如《科学技术会议设置法》《海洋开发审议会令》《技术士审议会令》等）；关于科技法人团体的法令和规则（分“特殊法人”法，如

---

[1] 任盼盼：“‘科技北京’行动计划实施进程监测评价研究”，载《数据》2012年第5期，第60页。

[2] 刘延东：“加强科技法制建设 依法保障和推动科技创新”，载《河南科技》2012年第17期，第5页。

《理化研究所法》《新技术开发事业团法》《日本原子力研究所法》等；“公益法人”法，如《内阁总理大臣管辖的公益法人的设立与监督规则》《许可认可等临时措置令》等)；关于科技发展的直接立法（如《原子能基本法》《核燃料物质的使用规则》等)；关于科技发展的相关法令（如《所得税法》《法人税法》《物品税法》等)；有关对外科技合作的立法（如《日本与法兰西科技合作协定》等)。此外，还有发展科技或产业技术的种种重大措施和政策的法令。值得注意的是，日本促进科技发展的各种“制度”、“计划”与法律法令结合，使立法效果更为突出。如 1966 年日本颁布了《大型工业技术研究制度》，1980 年颁布了《下一代产业基础技术研究开发制度》，接着又推出《推进创造性科学技术制度》(1981 年)，《第五代电子计算机研究开发十年规划》(1982 年)，《原子能开发利用长远规划》(1982 年)，《关于研究开发生命科学中先导性、基础性技术的基本计划》(1984 年)，《宇宙开发大纲》(1984 年)，《激光研究五年计划》(1986 年）等等。这些具有法律效力的“制度”、“计划”、“规划”同相应的法律相结合，就发挥了突出的作用。法律与政策的一个重要差异是，前者是刚性的，因而应是具体、明确、可据以规范主体的行为的；后者则是柔性的，因而相对比较抽象、比较原则化，其实行如果要取得划一的效果，还有待实行者辅以具体的规定。以科技投入为例，美国、日本等创新型国家为求科技创新以降低技术上的对外依存度，其研究与开发投入占 GDP 的比重一般都在 2% 以上，科技进步对经济的贡献率多在 7% 以上，技术上的对外依存度都在 30% 以下。其企业对科技开发的投入常占到营业额的 3% ~5% 。[1]

美国的科技法制建设始终走在其他发达国家的前面。虽然美国是普通法系的判例法国家，但在科技立法上却一反惯例而采取了成

[1] 邓楠：“建设创新型国家的关键”，载《文汇报》2006 年 1 月 12 日，http://news.sina.com.cn/c/2006-01-12/07507959919s.shtml，访问日期：2013 年 7 月 12 日。

文立法的形式。早在20世纪70年代之前，美国就大体建成了科技法制体系，为了发展经济和推动科技创新，并鼓励先进技术转让，加快技术商品化，提高国家竞争力，创造更多的就业机会。自1980年以来，美国立法机构制定和发布了与科技创新活动有关的法律法规二十余个，其中最为著名的是始订于1980年的《史蒂文森—威德勒技术创新法》。1986年，美国对该法进行了修订，更名为《1986年美国联邦技术转让法》。该法的制定旨在促进美国的技术创新，支持国际技术转移，加强和扩大各科研机构与产业界之间的技术转让、人员交流等方面的合作，同时，它对于提高各部门的劳动生产率、创造新的就业机会、稳定物价、提高产品在国内外市场上的竞争力等都起着积极的作用。除《1986年美国联邦技术转让法》外，美国鼓励科技创新的有关立法主要还有：1982年《小企业创新发展法》、1986年《联邦技术转让法》、1988年《综合贸易与竞争力法》、1989年《国家竞争技术转让法》和1990年《国防部授权法》。上述立法使美国科技法制体系更加健全、完善，对美国科研机构、大中型企业尤其是小型企业的科技创新发挥了十分重要的促进与保障作用。

（二）科技北京建设法制保障的现状与问题

北京市科技法治保障工作曾经走在全国前列，尤其是在科技活动实施、科技服务和基础条件建设领域的法治保障与其他省区市相比较为全面。如1994年颁布的《北京市技术市场管理条例》，它是北京市第一部地方性科技法规，其颁布实施使北京市技术交易活动从自发无序走向了规范化、法制化，有力地促进了北京市技术交易额的持续高速增长。但随着国家法制环境的变化，基于《技术合同法》上位法的废止，全国许多省市有关技术市场的立法相继废止。而北京市结合自身实际，在继承原管理条例中被实践证明行之有效的内容的基础上，于2002年创设性地制定了《北京市技术市场条例》，成为全国科技领域地方立法的“新坐标”，进一步促进了北京市技术市场的跨越发展。在法制保障和推动下，经过十年的快速发展，北京市技术合同成交额到2011年已占全国的40%，北京市技术市场现已成为名副其实的全国技术交易中心。

科技法治保障主要包括科技立法保障、科技司法保障、科技人才法律保障、科技环境资源法律保障、科技服务法律保障等。在科技立法保障方面，目前北京市与其他省市相比有一些特色与优势，但在新的形势下仍存在一些问题，需要进一步提高，如科技立法的系统化程度不够高、可操作性不强、立法规范调整的范围较窄等等，地方科技基本性立法亟待出台。特别是在促进科技成果转化、技术创新等方面，相关省市已经颁布或者正在积极酝酿，但北京市相关立法仍然处于空白状态，相关工作进展起来无法可依；更为突出的是，北京市现有地方科技制度规范大多以政府或其部门制定政策的形式出现，其强制性和约束力较弱，存在立法层次较低的问题。在科技司法保障方面，主要表现在知识产权纠纷和科技成果转化矛盾以及发明专利权属争议等方面，特别是在一些科技法规实施过程中，由于立法水平和司法水平的制约，存在司法保障不到位、对法规的执行易产生矛盾或者法律衔接上的真空、随意性较强、执行效果不佳等问题。

1. 科技立法保障有待完善和加强

（1）科技立法框架缺少系统性和完整性。北京市的科技立法缺失整体规划，缺乏充分的科学性和系统性。科技立法空白点较多，很多方面没有法制规范，这导致立法体系、制度框架存在漏洞。由于缺乏整体设计、周密计划和严密部署，科技立法还存在法规和规章之间的衔接性、系统性不强，配合性欠缺等弊端。由于对立法项目、种类、内容及实施效益等没有进行科学的预测与论证，北京市目前的科技立法，虽然比改革开放初期有比较大的进展，但是基本上还是处于零星立法的阶段，出现“特别法”先行而“基本法”滞后现象，如本应作为地方科技基本法、与《中华人民共和国科学技术进步法》相应的地方立法还未出台，而本应与之相配套的法规规章却相继出台。缺乏北京市科技基本法的指导，难免会导致各法规、规章之间的立法冲突问题。

（2）缺少以科学技术基本方针制度为内容的法律规定。在现有的地方科技立法项目中，缺少北京市科技进步的基础性、纲领性法规——《北京市科技创新促进条例》。由于该法规的缺失，北京市科技立法未能从北京市科技创新的全局出发，对科技活动进行宏观的、全方位的调整，缺乏对北京市科技发展的重点领域、基本原则和基本制度的规定，这导致在制定专项科技法规、规章及科技政策、措施过程中，缺乏具有统领性的立法依据，立法呈“群龙无首”、“各自为政”的状态，一些单项立法过多地从部门利益出发进行规范，对全市科技创新在宏观方面的考虑不足，缺乏系统性、协调性和统一性。同时，由于缺乏地方科技基本法对北京市未来科技创新、科技进步工作的长远规划，北京市部门科技法规、规章和政策缺乏前瞻性和预见性，在部分法规、规章和政策的形成过程中，制定部门对短期目标着墨过多，对科技创新的长远发展则考虑不够充分。总之，由于《北京市科技创新促进条例》的缺位，北京市科技立法缺乏全面性和前瞻性，在一定程度上对北京市科技创新工作造成了消极的影响。2012 年，市委、市政府在《北京第十一次党代会报告》和《关于深化科技体制改革加快首都创新体系建设的意见》中，提出了将北京市建成为有世界影响力的科技文化创新之城和中国特色世界城市的总体目标。上述目标的提出，要求北京市科技立法领域必须形成目标一致、原则统一的立法体系，从而在科技机制、体制的构建上形成合力。在此情形下，北京市科技进步的基础性法规——《北京市科技创新促进条例》的缺失，已难以适应北京市科技创新发展对科技立法的要求。

（3）地方科技立法层次较低。在现行有效的北京市地方科技立法体系中，法规规章数量相对较少，北京市现有科技规范大多以政策性文件形式出现，其立法层次较低。由于法规规章数量少，造成科技法规的直接适用性弱，规范的社会关系面比较窄，大量的科技社会关系如科技项目规划等只能依靠政府部门的政策规范、文件调整。因此，在司法实践中，调整科技社会法律关系的规范位阶普遍较低。另外，由于北京市地方科技立法的整体框架还没有形成，地方科技法规规章直接缺少引证和依据，法规条文本身的科学性和对相对人行为调节的广泛性也无从体现。

（4）各项科技活动实施方面的立法存在缺失。各项科技活动的实施的立法应包括：一是促进科技成果应用、转化和产业化，主要涉及各项促进成果转化的措施，包括科技园区、高新技术企业、中小型科技企业、风险投资、贷款及贷款担保、技术转让、技术权益分配等；二是各项研究和开发计划的执行，主要指政府财政资金支持的各项计划的管理办法，包括成果鉴定或评价管理等；三是特定领域的研究、开发和限制，主要为特定技术领域的研发活动，以及各类限制性规定等等。对于以上科技活动，北京市尚存在立法空白，尤其是在我国日益重视科技创新、重视发挥科技支撑引领经济社会发展的背景下，通过创设法律制度规范和促进北京市科技成果转化和产业化的紧迫性愈加突出。

2. 对科技人才资源的保障不充分

推动企业成为技术创新主体，增强企业创新能力是深化科技体制改革的中心任务之一。企业创新能力的提高，主要体现在企业研发能力建设和人力资源发展方面，应该包括：研发与开发主体能力的建设，包括从事研究开发活动的研究机构、大学、企业研究中心、外贸研发中心、重点实验室、工程技术中心、科技型中小型企业等能力建设；为科技人才的培养提供适合的项目和条件；推动国内、国际科技合作等方面。目前，北京市在增强企业创新能力建设方面只有市政府于2002年颁布的一个规范性文件，即《北京市鼓励在京设立科技研究开发机构的规定》，还未有相应立法。作为科技体制改革中心任务之一，企业研发能力建设的加强需要立法重点保障促进其实现。在人力资源发展这一领域，北京市只出台了《北京市专业技术人员继续教育规定》，它未能充分体现“以科技人员为本”的原则。科技立法应把科技人员的全面发展作为重要原则。科技法律是调整科技社会关系，“以人为本”应是其原本之意，理所当然地应把推进科技人员的全面发展作为重要目标。然而，现有的北京市科技立法没有充分体现这一要求，重视事的发展而忽视人的发展，或者说没有把人的发展作为重要目标，没有充分发挥科技人才资源的作用。

3. 科技服务和基础设施方面的法律保障有待提高

科技服务和基础条件建设方面主要应包括：建立、实施和维持国家重要科研条件或设施面向研究开发的服务；建立、实施和维持技术服务，涉及技术市场、技术合同、技术交易会、技术产权交易等；普及科技知识，提高公众科学素养等。

北京市对科技服务和基础条件建设方面的立法比较重视，先后出台了《北京市经济技术开发区条例》《北京市实验动物管理条例》等。但是，在许多科技服务和基础条件建设方面的立法需要大力完善。例如，随着北京市科技基础建设的需求增大，科技财政性资金投入大量浪费在大型科学仪器设备的重复购置上面，因此，亟待对《北京市新购大型科学仪器设备联合评议管理办法》进行立项，它能够推进和规范北京新购大型科学仪器设备联合评议工作，从源头控制大型科学仪器设备的重复购置，实现合理布局，推动资源共建、共享机制的建立，促进存量资源和新增资源的系统集成与高效利用，提高北京市财政科教经费的使用效益。

4. 科技政策和科技资源分配方面的法律保障

有关科技政策的制定与资源分配的立法应包括：科技政策的制定、协调、配套、监督与评价，主要为各类科技体制改革的政策措施；科技投入的预算与分配，主要为财政资金投资的各项计划经费、专项资金、补贴费等管理；利用政府的购买力、刺激科技创新和服务创新等方面的内容。

北京市目前科技政策的制定与资源分配方面的地方立法还是空白。在这一领域，缺少有关北京市技术创新、北京市科技政策评估以及北京市科技发展规划等方面的立法，这种缺失使得北京市的企业在确立技术创新主体地位、企业提升核心创新能力、促进科技政策的准确定位等方面缺乏法律保护，这是北京市科技立法中的薄弱环节，不利于北京市科技进步发展。

（三）科技北京法制保障的意义和作用

在经济社会转型时期，政府职能转变是一项重大任务，其基本要求是政府从具体事务中脱身，职责角色由“划桨”改为“掌舵”，即由直接提供服务改为通过制订政策等行为规则，对社会实行间接的调控。解决科技发展中的各类问题，不仅需要有统一的认识和相应的行政政策措施，从根本上来说，还需要借助法律的力量。从科技法规建设入手，符合市场化进程中法制化发展要求，可以有效防止出现批示行为、任期行为和波动现象，可以为科技事业发展提供强有力的法制保障；从科技法律建设入手，可以借助法律的巨大感召力、说服力和强制力，尽快形成发展依靠科技、全民重视科技的良好局面。从科技法规建设入手，是解决当前科技法制问题的根本手段。

1. 科技法制保障是科技进步与创新的必然要求

当今世界，科技发展日新月异，科技进步与创新正在成为发展的主流和动力。为了加快科技进步与创新的步伐，需要一个适宜科技发展的宽松激励的社会环境，需要一个法制化的管理制度和政府工作模式。与科技有关的各种活动和基本关系，都需要用法律的形式加以确认，需要纳入制度化和法律化的轨道。从根本上讲，科技进步与创新是一项全社会共同参与的伟大事业，企业应当成为科技创新的主体。但在经济体制和科技体制的转型过程中，仍然要求政府发挥恰当的引导作用，乃至主导作用。不过这种作用不能再通过传统的直接干预和行政命令来体现，而应当更多地依托法规、政策，依靠科技立法、科技普法、科技执法“三位一体”形成的强大合力。法制建设与行政命令式的经验管理方式是不相容的，它要求各级行政部门依法行政，按照法律规定办事，依法决策、依法管理、依法裁定。为了顺应科技进步的客观要求，科技法制建设必然成为当前政府科技工作的重点任务。

2. 科技法制保障是实施科教兴国战略的主要突破口

党的十八大提出全面建设小康社会的宏伟目标，对科技工作提出了更高的要求。科教兴国战略要求不断加快科技进步步伐，不断推进科技、经济和社会一体化的进程，为此，就必须找到强有力的战略支撑点，找准战略实施的有效切入点，确定符合法制精神、与市场经济要求相吻合、具有可操作的战术突破口。把科技法制建设作为着手点和着力点，可以有效避免“战略虚置”问题，为科教兴国战略提供制度保障；可以有效解决“支撑不足”问题，为科教兴国战略提供动力保障；可以有效提升科技发展的地位，为科教兴国战略提供综合支持。

3. 科技法制保障有利于加快实施“两个转变”的步伐

首先，要把科技行政管理纳入法制化轨道，由传统的经验型行政管理向规范的依法行政管理模式转变。科技依法行政工作既要注重创新，又要与当前的地方行政管理方式保持一定的一致性。所以，我们在采用责任制这一有效管理方式的同时，也要力戒形式化，避免形式主义。各类科技依法行政责任书中相应的法律条文，既是执法依据，也是法律要求，这样便使法律精神渗透到日常行政管理工作之中，使行政权力置于法律约束的框架体系之中。

其次，要提升科技行政管理的地位，由职能部门行为向政府综合管理行为转变。科学技术是第一生产力，推进科技进步、搞好科技管理事关全局，是重要政府职责。实行科技依法行政，就是要结合政府职能转变工作，将职能部门行为转变为政府综合管理行为，全面提升科技行政管理层次和效力，开始向系统化、制度化、规范化的科技依法行政的新型管理机制转变；向各职能部门的自我约束、自觉执法的方向转变；向政府总体统筹，相关职能部门主动参与、积极配合、齐抓共管、协同作战的科技依法行政管理体制转变。

科技法制保障在科技北京建设中，其具体作用体现在：

第一，制订科技发展计划，需要有配套的法律措施加以保障。长期以来，很多地方“换一任领导换一套思路”、随意修改规划的现象屡屡发生。地方各级政府编制发展规划的积极性很高，但同时也存在着随意性大等问题。如，目前我国土地利用规划缺乏强有力的法律手段，规划的严肃性、权威性得不到保障，违反规划用地的行为得不到有效遏制，影响规划对土地利用的整体控制作用。[1] 人们已经普遍认识到，建立发展规划的专项法律制度，可以从制度上为贯彻落实科学发展观提供有力的保障。广东省研究起草了《广东省实施〈珠江三角洲地区改革发展规划纲要（2008～2020）〉保障条例（草案）》，江苏省起草了《江苏省发展规划条例（草案）》，以立法保障规划的实施。

《北京市“十二五”时期科技北京发展建设规划》提出的各项规划措施，只有加强法制保障才能得到有效实施。规划本身没有强制力，规划确定的目标，需要立法予以具体化，并通过严格执法加以贯彻。为了实施科技北京发展建设规划，需要加强科技立法调研，加快《北京市科技创新促进条例》《北京市科技成果转化和产业化促进条例》《北京市自然科学基金管理办法》等立法进程。研究制定和完善创新型企业、战略性新兴产业、产学研合作、科技金融、国家现代农业科技城等方面的政策。加强《科学技术进步法》的贯彻实施，推进依法行政。推进首都科技发展战略研究院建设，围绕首都“科技北京”建设开展相关政策和战略研究。规划确定的推进低碳城市与生态环境系统建设的目标，如城市垃圾处理处置与资源化、水环境综合治理以及大气污染控制与管理等，都离不开

[1] 董祚：“土地利用规划亟待立法保障”，载《中国国土资源报》2013 年 5 月 15 日，http：//www. realestate. cei. gov. cn/files/20135/20130521112259. html，访问日期：2013 年 7 月 15 日。

法制的保障。

第二，科技活动引起的新的社会关系需要法律调整。科技进步表现为知识总量的增殖、知识生产能力的增长以及知识在经济和社会发展中的应用等方面。当今，知识总量每数年翻一番，知识的生产和消费本身已成为最大的产业，科技、经济和社会呈一体化发展趋势。现代科技活动，不论是知识的生产和再生产，还是知识的消费和技术转移，都牵涉复杂的社会关系，甚至产生许多前所未有的社会关系。这些社会关系的复杂性是过去象牙塔式的科研、个体或作坊式的技术开发所引起的社会关系不能比拟的，其调整也远非在计划经济条件下仅凭采取行政措施和政策所能解决的，它们有着深刻的利益背景和复杂的利益体系，充满着利益矛盾与冲突，在市场经济条件下，对各种利益关系只能以体现国家意志的法律加以调整。例如，如何处理信息资源共享与信息保密问题，如何保护网络安全与信息安全问题，网络贸易合同的认定问题，如何防止通过网络窃取和出卖国家秘密问题，以及数据库、数字化作品的知识产权保护问题，消除信息垃圾、防止通过网络参与赌博、洗钱或进行色情、暴力宣传和意识形态渗透，防止利用网络进行危害国家安全和从事民族分裂、危害国家统一活动等问题，都需要法律予以规范和调控。网络作为新语言对社会生活方式带来了天翻地覆的变革，以及对社会秩序做了重新调整，其作用是有目共睹的。游戏有游戏的规则，一旦亲密接触现实生活，碰撞的可能不是火花，而是一堆法律问题。有人指出，绝不能漠视科技进步对法治话题的影响，宁可把它想得更严重些。[1] 所有这些新出现的事物，都需要法律规范加以调整。

第三，科技法制建设是科技创新的基础和保障。科技创新是一种创造性的社会活动，代表着先进生产力。因此，必然要有与之相

---

[1] 程乐东："科技进步与法治"，载《法制日报》2009 年 9 月 3 日，http://www.legaldaily.com.cn/zmbm/content/2009-09/03/content_1148223.htm，访问日期：2013 年 7 月 18 日。

适应的生产关系来维护和推动。这种由科学技术带来的新型社会关系，包括创新主体的法律地位，政府、产业和科研机构之间的相互关系，科技创新权益关系等。只有依法规范和保护这种体现先进生产力要求的新型生产，才可能为科技创新提供良好的社会条件。

创新是一种周期长、高投入、高风险和受基础条件约束强的生产活动，必须有充足的资金、基础设施和信息等条件支持。由于科技创新具有较强的社会效益特征，对它的投入就不能完全依赖市场机制来调节。它需要国家和地方从国民经济和社会发展的战略利益出发，调动多种经济资源向这一领域配置。这种市场外部的配置机制若无完善的法律制度保障，就很难在投入的质和量方面为科技创新提供稳定的支持。

科技创新成果在本质上是一种知识或技术信息，信息本身具有无限扩散性，也就是说，创新成果很容易被他人模仿，从而使得创新者的利润被无偿瓜分，这样就会挫伤创新者的热情。创新活动的这种外部性很难通过创新者自力维护，必须仰赖法律对其权利进行界定，并依法予以维护。

科技成果产业化也需要法制的保障。科技创新成果如果仅仅停留在纸面形式上，尚不能发挥其促进社会进步的社会价值。只有让科技创新成果走出实验室，将科技成果带入生产过程，才能体现其促进社会经济发展的作用。所以，客观上，科技创新成果需要法律为其提供保障，将其推向市场使其能够合理转化成为现实的生产力。法律具有一定的指引作用，可以为科技创新过程中的资金、人力、设备等资源配置提供方向，提高这些资源配置的效率。通过立法并严格执法，首先保障科技创新成果的知识产权归属，用相关的法律程序来为科学研究与科技创新提供有效制度保障，激励创新，另一方面，通过对技术成果转让制度的规定，将科技创新成果运用到社会实践中，促使其产业化。

四、科技北京建设法制保障的基本内容

科技北京建设需要法制保障。在国家层面，要求将贯彻科教兴国战略和依法治国方略有机统一，不断推进科技法制建设，提升科技规范化管理水平，更好地鼓励创新实践，保护创新热情，为建设创新型国家提供坚实保障、凝聚强大动力。[1] 为推进科技北京建设，必须研究确定推进科技北京法制保障的总体思路，这就要进一步确立科技北京法制保障的模式，构建科技北京法制保障体系的基本框架，形成完善的、科学的科技北京法制保障体系。

（一）在科技立法方面，努力提高科技立法水平

在全国人大已有的科技法律框架下，按照《立法法》规定的地方立法的权限，根据北京市的具体情况进行立法，完善立法，建立北京科技法制体系。从各国的科技立法情况看，其内容都广泛涉及科技研究开发、科技成果的管理保护和转化、技术市场和技术贸易、科技进步的环境和条件方面的国家保障、科技奖励、高技术专门领域以及国际科技交流与合作等领域。北京市的科技法律规范体系应是全方位的，以保障科技北京建设的各个方面都有法可依。

应按照北京市科技立法的基本框架，依据《北京市中长期科学和技术发展规划纲要（2008～2020年）》和“科技北京”、“世界北京”的发展目标，对北京市地方科技立法进行科学性和具体性的整体规划。对立法的项目、种类、内容、步骤及实施效益等由相关的部门进行科学的预测与论证，积极营造有利于科学技术发展的法制环境和政策环境。

---

[1] “加强科技法制建设　依法保障和推动科技创新”，载《人民日报》2012年5月23日，http://www.gov.cn/ldhd/2012-05/22/content_2143098.htm，访问日期：2013年7月16日。

要明确北京市科技立法建设的重点内容。北京市现行实施的地方科技立法主要在于科技服务和基础条件建设、知识产权基本制度实施、科技活动的开展和科研人力资源的发展方面。目前，北京市科技立法建设的重点在于两个方面：一是尚缺失的地方综合性基本科技立法；二是一些重要领域空白的单项科技立法，同时某些现行科技立法也亟待修改完善。北京市基本科技立法主要是指全面规范北京市科学技术活动开展的《北京市科技创新条例》。北京市一些重要领域空白的单项科技立法内容比较丰富，主要涉及科技成果转化与产业化等特定科技活动实施企业科研能力建设和人力资源发展、政策的制定和资源分配等方面的科技立法。

在立法的过程中，由于北京市制定的法规在人大立法的位阶之下，因此，要注意地方科技法规、规章应与现行的国家科技法律和行政法规配套、衔接。目前，北京市已经在《北京市技术市场条例》《北京市科学技术普及条例》《中关村国家自主创新示范区条例》等方面的立法先行于其他省市，做到了率先立法保障。在北京科技法规和规章政策方面，要根据北京市科技发展与立法实际经验适时修订。北京市应从符合市场经济发展规律和科技发展规律出发，清理和整合现行的法律资源，对以下两种法规规章进行修订：对现行的地方科技法规规章，如果法律规定中有的条文已不适应现在社会、经济、科技发展的需要或与现在的实际情况相悖离，需要对法规规章进行修订；对于地方科技法规规章的立法先于中央立法（如《北京市科学技术普及条例》等），在中央立法以后，地方法规规章中出现与中央立法相矛盾的规定，这种情况也必须对地方科技法规规章进行修订。

高技术领域立法的一个显著特点是具有前瞻性、预见性，即预先以法律规范防患新技术使用中可能出现的社会危害或提出有关可能出现的法律纠纷的解决办法，对可能出现的法律问题预先采取措施。北京市应密切注视和跟踪科技发展的新态势，及时对科技方面的法规、规章进行废、改、立，使立法既有鲜明的现实性、时代性，又有预见性、前瞻性。

（二）加强科技执法，保护知识产权

随着科技事业的迅速发展，科技纠纷案件日渐增多，大量的科技社会关系需要法律调整，不断出台的科技立法也需要执行，科技执法跟不上形势发展要求的被动局面如不能迅速扭转，就会影响科技进步和国家战略部署的实现。科技执法具有与经济执法和其他执法活动不同的特点，在执法制度和程序以及处理案件的方法上都应有所体现。在科技执法中，尤其需要加强知识产权的保护，支持和鼓励国家科技重大专项和政府资助的其他项目所形成知识产权优先在京转化，探索知识产权共享机制。鼓励企业实施知识产权战略，引导和鼓励有条件的区县和园区开展专利托管工程，引导知识产权转化指标纳入科技计划实施评价体系和国有企业绩效考核体系。支持企业和产业技术联盟构建专利池、构筑专利防护网、商标和版权保护体系等。建立和完善知识产权预警与风险防范机制。

（三）提高科技司法水平，全面规范司法行为

加强知识产权运用和保护，运用法律手段支持企业和产业技术联盟构建专利池、构筑专利防护网、商标和版权保护体系等，在全市范围内建立和完善知识产权预警与风险防范机制。并特别加强对财政资金支持项目形成知识产权的维护、转化和运用，鼓励企业采取转让、许可、质押等方式，实现知识产权的市场价值。支持和鼓励国家科技重大专项和政府资助的其他项目所形成知识产权优先在京转化，探索知识产权共享机制。维护企业实施知识产权战略，引导和鼓励有条件的区县和园区开展专利托管工程，引导知识产权转化指标纳入科技计划实施评价体系和司法保障体系。

北京市应当依据本市科技发展需要，运用各种法律手段全面促进科学技术的发展和进步。在具体的科技司法保障实践活动中，要从北京市的自然环境状况、社会经济条件、促进科技进步和创新的

实际需要出发，立足于北京市的实际情况，并与国家科技法律法规以及北京市的相关科技规章相衔接，使司法保障更具有针对性和可操作性。地方科技司法保障必须反映北京市科技政策的状况和北京市科技发展中的问题，保护北京市科技研究的新成果，总结北京市科技工作的新经验，消除北京市科技发展的障碍，为北京市科技进步提供法治保障。同时，不但要在某些领域进行创新性的司法实践活动，也应在适当时机把成熟的经验即实施效果良好的政策性文件用法的形式确立下来。

第二章　政府在科技创新中的角色

国务院《全面推进依法行政实施纲要》要求转变政府职能，深化行政管理体制改革，依法界定和规范经济调节、市场监管、社会管理和公共服务的职能。政府要进一步转变经济调节和市场监管的方式，切实把政府经济管理职能转到主要为市场主体服务和创造良好发展环境上来。在科技创新、科技北京建设中政府的角色定位是科技管理体制改革的重要内容，也是涉及行政主体权利义务的法律问题。本章界定了政府在科技创新中的地位和作用，并试图通过科技立法固定下来，为科技的发展创造良好的行政组织环境，加快法治政府建设。

一、科技创新与政府角色

（一）科技创新的含义及意义

科技创新是原创性科学研究和技术创新的总称，是指创造和应用新知识和新技术、新工艺，采用新的生产方式和经营管理模式，开发新产品，提高产品质量，提供新服务的过程。科技创新可以被分成三种类型：知识创新、技术创新和现代科技引领的管理创新。

关于科技创新的内涵和外延，由于学者们研究所处的视角和层面不同而说法不一，既有宏观又有微观，既有广义又有狭义，既有相同点又有不同处。相同点：如，学者普遍认为科技创新的核心特性是科技创新者拥有科技知识产权；科技创新者在创新过程中起主导作用。不同之处：一是对科技创新的定位认知有差异。有的认为科技创新是创新主体具有主导性的具体创新活动，有的认为是一种战略取向的选择。二是对科技创新的主体认知有差异。有的认为企业是科技创新的主体；有的认为创新主体是有层次性的。三是对科技创新的外延认知有差异。有的学者认为科技创新是指技术创新，有的认为除此之外还要包括制度创新。四是对科技创新中“科技”的认识有差异。

我们认为，科技创新应该从宏观与微观、理论与实践相结合的辩证可持续的角度研究，它是一个不断发展变化的动态概念，其内涵与外延与某一国家在一定时期的经济和社会发展背景密切相关。理解科技创新的内涵首先要正确理解科技创新概念提出的时代背景；其次要考虑我国基本国情、技术发展水平现状和未来的战略目标；再次要把握不同地区、不同层级政府在科技创新中的职责定位、产业特点、企业规模和企业现有创新能力及与科研院所科技成果转化的程度等情况综合考虑。

我们以“三个北京”理念的提出为例，“人文北京、科技北京、绿色北京”本身就是北京市政府继奥运会成功举办之后，在总结奥运筹办经验的基础上为北京市今后的发展方向提出的创新思路。其中，代表科技创新内涵的“科技北京”理念，正是在当今科技与社会融合发展趋势越来越突出，科技社会化与社会科技化发展已经使得科技与经济社会的发展紧密联系在一起，无论是国际层面、国家层面还是区域（城市）层面，任何重大问题的解决已经不可能像以前那样单纯从科技或经济社会单一角度解决，而必须将科技与区域经济社会环境发展联系在一起考虑的大背景下提出的。它是科学发展观的北京化，其核心是以人为本，即科技发展依靠人、科技发展为了人、科技发展服务人；其两个基本点是科技社会一体化与科技经济一体化。“科技北京”的理论与实践深刻阐述了科学技术与北京市城市发展的关系问题，既是科技社会化发展趋势的客观反映，也是应对科技国际化挑战、建设创新型国家、解决新形势下北京市城市经济社会发展中出现问题的必然要求。

目前我们国家仍然是一个发展中的大国，从制度层面看还处于由传统计划经济体制向市场经济体制过渡时期，各地区经济发展不平衡，这就意味着我们需要结合不同地区的不同特点及不同发展水平来开展科技创新，应该因地制宜有重点地予以选择。现阶段，无论从国家层面、政府层面、社会层面，还是企业层面，都需要提高和改善面向市场的创新意识和创新环境，围绕市场需求开发新产品、新技术、新工艺，在国内外市场竞争中壮大企业的竞争力，在满足市场需要与实现企业利润之间取得利益的平衡和良性循环，彻底改变传统计划经济体制下“科技”与“经济”结合不紧密的问题。

此外，理解科技创新内涵，还要将科技创新与政府、企业、大学、科研机构、科技创新投资公司、金融机构和中介服务组织等参与主体各自的职能相联系，优势互补、协同作战，形成科技创新的集群，在科技创新的过程中共同受益，同时，也为我国的科技事业共谋发展同作贡献。企业作为市场经济的主体，衡量它的科技创新成功与否的最根本标准是能否取得市场的认可，能否为企业带来利润。从政府层面或从国家层面看，科技创新最根本的任务是增强国家自身的经济实力和在国际市场上的竞争力，其实质是整合国内外科技资源为国家利益服务的能力。无论是本国哪个企业科技创新取得成功，只要是这种创新增强了国家的经济实力和国际竞争力，就应当予以鼓励和支持。

综上所述，科技创新，从广义上理解是创新主体（政府、高等院校、科研院所、本土企业、民营组织和其他参与主体）为维护和保障国家整体利益，从提升竞争力和自身利益出发，根据创新主体形成竞争优势的需要，实现拥有科技知识产权的科学发现、技术突破、工艺改进和变革相关制度的行为活动。[1]

---

[1] 董为民：“促进科技创新的财政投入模式分析”，载《光明日报》2010 年 9 月 16 日，第 7 版，http：//www. gmw. cn/content/2010 －09/17/content_ 1257348. htm，访问日期，2013 年 6 月 20 日。

（二）政府角色及在科技创新中的探索

1. 政府角色的含义及其作用

政府是指国家权力的执行机关，即国家行政机关，在我国指的是国务院和地方各级人民政府。所谓“政府角色”是将政府人格化，用其来定位政府的功能与作用，与“政府作用”和“政府职能”是同义语。政府角色是在与其他社会主体的功能、作用的区别中界定的。

在现代社会中，政府，作为代表国家行使行政权力的机关，依法承担着对国家和社会公共事务进行管理的法定职责和功能，其包含政治、经济、文化和社会公共服务等各个领域，反映了公共行政的基本内容和活动方向。然而，随着当前科技创新的发展和知识经济时代的到来，发达国家政府越来越重视科技创新与促进经济发展的关系，加强了对科技创新的投入和一系列刺激经济复苏的调控政策，以寻找经济危机过后国家经济发展新的增长点，同时，为抢占国际科技竞争的战略主导地位，必须根据国际和国内的形势来决定与调整本国政府的公共管理职能和角色定位，有效发挥其行政权的干预作用。

由此看来，政府的角色不是一成不变的，自政府产生以来，政府的角色就是随着一个国家的政治、经济、社会的发展变化和人类社会形态的变化而发展变化的。加之当代科技的发展对政治、经济、社会等诸领域发展的影响和融合，政府的职能角色定位势必要把科技创新所产生的各种因素考虑进去。

2. 西方几种主要的政府角色理论

（1）自由主义政府论。其代表人物是经济学之父亚当·斯密，在市场自由竞争的资本主义时期，亚当·斯密认为政府应尽量远离经济生活，自由的市场将取得比政府更好的成果。政府越小越好，这一时期的政府管理只充当“守夜人”的角色，主要的任务是对外抵御敌国，对内执法和提供最基本核心的公共产品，其余的事都交由市场自行调节。其奉行的是“管得越少的政府就是越好的政府”，不直接干预社会经济活动。

（2）凯恩斯主义政府论。1929～1933 年的经济大萧条宣告了自由主义政府论的破产，凯恩斯主义政府论随之兴起。以凯恩斯为代表的干预主义的政府职能观认为，既然国家为社会提供了“公共产品”，那么政府对市场的干预就是必要的。市场机制的作用是有限的，常常会出现“市场失灵”，对现实中市场机制的失灵必须由政府干预来替代，政府应对经济体系中的一些关键因素加以控制和管理，以促进经济增长。其强调通过财政和货币政策调控市场经济的运行，与政府“守夜人”角色相对，提倡“干预型政府”、“全能政府”。

（3）新自由主义政府论。与古典自由主义不同，新自由主义政府论并不完全排斥政府干预，而是“古典自由主义”与“凯恩斯主义”政府论的结合，被称为公共选择学派。他们提出了有限干预的政府职能观，其要求限制政府的全面干预，又让市场机制充分发挥其作用。指出：一方面市场由于存在利己主义，追求个人利益的最大化，而忽视社会整体效益，导致“市场失灵”；另一方面，政府本身也存在诸如决策失误、效率低下、机构臃肿、政府人员以权谋私等等造成“政府失灵”的问题，通过重新调整政府与社会、政府与市场的关系，使政府职能减少，在公共服务的提供方面充分利用市场与社会的力量，既弥补了政府财政和服务能力的不足，又解决了市场失灵的问题。政府管得少，但又管得好。因此，新自由主义政府论在 20 世纪七八十年代得以盛行。

3. 我国计划经济时期到转型时期的政府角色

目前，我国正处于由计划经济向社会主义市场经济转型的过渡阶段，我国自新中国成立之初到改革开放之初的 40 多年里，政府曾主要是在社会主义计划经济体制下承担着全职全能型管理经济的角色，事无巨细地包揽了国家社会全部经济事务。

而现在我们政府所面对的是社会主义市场经济的初级阶段

(即转型期)，如何发挥市场经济的作用和调控处理好其与经济社会的发展关系，既要尊重市场规律，大胆改革开放，按市场规律办事，又要预防资本主义市场经济的弊端对我国社会政治经济生活的影响和破坏，是摆在我们政府面前的课题。目前，学术界及政界对于转型时期我国政府的角色，通过大量的讨论及著述，形成了两种全然相对的理论观点：一种是“强政府”理论，主张转型时期政府应更多地干预社会经济生活；另一种是“弱政府”理论，主张转型时期应尽量减少政府的干预，让市场机制充分发挥作用。

主张“强政府”的学者认为，在转轨时期，政府不仅要发挥市场经济条件下的政府的一般职能，还必须有意识地加强自身推进市场化改革的主导作用。如果没了国家的宏观管理或干预，市场经济就会成为万恶之源，资源会遭到破坏。

主张“弱政府”的学者认为，政府虽然以公共利益作为追求的目标，但其也有自身的特殊利益，公共利益与政府利益的冲突可能会造成经济的衰退。政府也会失灵，且其失灵的危害要比市场失灵的危害大得多。他们认为，我国市场经济的建立和发展，既非自发的过程，也非纯粹强制的过程，而是一个自发发育和政府推动相结合的过程，它本身是一个政府不断减少干预的过程。在经济转型时期，政府虽然确实能够减少转型过程中的无序、冲突和混乱，但也更可能制造转型的困难。“强政府”可以干预很多事情，但同时就有可能造成国家权力的过分膨胀，损害市场经济有效运行的基础。

总之，归纳以上政府角色理论大致有如下四种观点，即计划经济时期的政府万能论，新古典主义的最小政府论，凯恩斯主义的政府积极干预论和社会转型时期的政府主导论。这四种观点分别代表了不同历史背景和经济条件下的政府所承担的四种不同经济角色，都是围绕着政府对国家的经济社会活动的干预、不干预或有限干预到什么程度而展开的，对于我们研究现代社会的政府角色理论和实践，有参考价值和现实意义。事实上，作为一个现代社会中的政府，它总是具有一些基本的职能（包括政治职能、经济职能、文化职能和社会公共服务职能等），而具体到某个国家或某种社会形态中，政府的职能也会存在不同程度的差异。

4. 政府对科技活动进行干预的基础

在以市场为导向的中国科技体制改革进程中，政府在科技活动中的职能发生了很大变化，它不再是科技创新的主体，其主体地位逐渐让位于大学、科研院所和企业。在这种情况下，社会主义市场经济条件下的政府要不要干预科技活动、政府为什么要干预科技活动以及如何干预科技活动等这些关乎科技、经济和社会发展的基本问题需要在理论上给予令人信服的回答。

对于政府要不要干预科技活动这一问题上，人们有不同的认识。主张政府干预科技的人认为，市场机制是有缺陷的，政府的干预可以改进市场机制，弥补市场机制的缺陷。反对政府干预科技的人认为，科技发展有自身的规律，科技规划和科技预测在多数情况下是不准确的，政府干预科技的方向和程度较难把握，因此，干预就很难达到理想的效果。尽管存在着不同认识，但几乎没有一个国家的政府是不介入科技活动的，只是各国政府介入科技活动的方式、程度和效果不同。[1]

匈牙利经济学家亚诺什·科尔内在分析了前东欧（南斯拉夫除外）社会主义传统体制国家后认为，短缺是社会主义的基本问题之一，是普遍性的。中国在改革开放之前经济短缺的现象比较严重，但在改革开发后的今天，经济短缺的现象基本消除，甚至出现了相对过剩。这表明，短缺经济并不必然存在于整个社会主义阶段。然而，我们通过现实观察和理论分析后发现，与一般经济要素不同，科学技术的短缺不论过去还是现在，不论资本主义还是社会主义，都是普遍存在的。短缺的存在是政府干预科技活动的理由。

[1] 孙福全、王文岩："短缺科技论与政府对科技活动的干预"，载《中国科技论坛》2003 年第 1 期，第 92 ~ 95 页。

所谓短缺科技是指由于科技供给不能满足科技需求而出现的总量性短缺和结构性短缺。短缺科技主要表现为科技的发展不能满足经济、社会发展和人民生活的需要，科技的短缺成为制约经济、社会发展和人民生活质量提高的瓶颈。在科技领域，容易形成市场失灵。科技进步对经济增长的贡献率低，产业的发展受制于科技进步缓慢发展。一项技术一旦普及和推广，企业就只能获得社会平均利润。

由于科技短缺的普遍存在，通过政府干预科技活动以增加科技供给，减少科技短缺就有其必然性。政府干预科技活动并非仅仅因为某些领域的科技活动存在失灵，或仅仅因为某些领域的科技活动体现国家目标，而主要是由于科技短缺。科技短缺制约着国家科技、经济和社会的发展，所以，政府必须干预科技活动。政府干预科技活动的范围应集中在科技相对最短缺领域。一般来说，科技相对最短缺的领域集中在技术基础设施领域，如带动产业发展或新产业形成的"共性技术"，如纳米技术、微电子技术、基因工程技术等。支持高技术研究开发活动是政府干预科技的重要方面。政府干预科技活动应从直接干预为主转变到以营造支持科技创新环境为主要目标的间接干预为主的方式，如经济手段、法律手段、政策手段等。这就需要进一步深化科技体制改革，转变政府职能，建立与社会主义市场经济体制相适应的科技体制。

5. 政府在科技创新体系中作用的探索

（1）西方国家的探索和认识过程。从前面我们已经了解到，自近代以来，西方国家经历了从把"创新"（该词最早出现之始，就被赋予了经济学意义，是指包括设计、制造和市场销售等在内的所有要素的重新组合。创新的最终目标是实现更大的价值，从而促进经济的增长）完全委托给市场机制、政府被排斥在外，到日益重视政府在科技创新体系中的地位和作用之演进，即从市场机制不是万能的逐渐认识到，管理社会必须用政府"看得见的手"去纠正和辅助市场"看不见的手"；及至现代，受新自由主义经济思潮，特别是公共选择理论的影响，倡导“打破传统政府对公共服务的垄断，将政府职能限定在一定范围之内，整个社会的管理由政府、企业、各类社会组织和公众共同承担”，“政府的主要职能不再是对社会实行管制，而是为社会提供服务”的“有限政府”的转变。

（2）我国政府的探索和认识过程。改革开放之前，我国奉行高度集中的计划经济模式，政府对科技活动的包办是当然的事情，当时，国家科技创新活动的推动力来源于行政指令。在改革开放的过程中，我们逐步认识到科学技术的重要作用，并一直在探索国家对科学技术的管理深度和模式。从认识到“科学技术是第一生产力”，到“科教兴国”战略的选择，再到创新型国家目标的确立，这一过程显示出这样一个主线：从倡导科技重要，到国家强力推行科技兴国，再到国家从根本上依靠科技而立国，凸显出我国对科技创新重要性认识的日益提升。

当然，伴随着科技创新实践活动的深入开展，我国对政府在科技创新体系中作用的认识也经历了一个曲折的过程。改革开放之初，按照一般的理解，与社会主义市场经济体制相适应，国家对科技活动的管理也应该靠市场对资源配置的基础性作用，在政企分开的前提下，政府的职能为经济调节、市场监管、社会管理和公共服务。但后来逐渐发现，在科技创新领域，政府有着不可推卸的责任，政府坚持“有所为，有所不为”，做市场不能做、不愿做、做不好的事情；与其他社会领域不同，在科技领域，政府在国家科技创新活动中的作用只能加强而不能削弱。

二、当代科技发展与政府科技管理面临的问题和任务

（一）当代科技发展的形势与特征

长期以来，科学技术一直被看作是发现知识和探索自然的手

段，科研工作则被认为是应该摒弃对功利的追求和不受利益驱使的神圣工作。但近年来，随着科技自身的不断发展，这种认识已经被改变，科技发展不仅追求知识的进步，而且越来越重视对社会进步和经济发展的贡献，开始变得和国家生存与发展密不可分。现代科技使生产力发生了质的飞跃，科技已经成为推动社会经济发展的主要动力，世界各国都致力于提升本国的科技发展水平，以期在新一轮的国际科技竞争中占据一席之地。一个崭新的充满竞争的科技时代已经在我们身边。

具体来说，当代科技发展由于受到自身演化规律的推动和社会需求的拉动，主要呈现出以下新的特征和发展趋势：

1. 科学技术研究的利益相关者增加

20 世纪的科学通常被认为与两个利益相关者有关：科学共同体（如大学及科研院所和科研人员）与资助方（主要是政府）。随着科学对经济社会影响的加大，公民社会对科学研究的需求领域也在逐步扩大（如在直接涉及社会福利的健康和环境等领域），使得产业部门以及社会各界也逐步涉及知识生产过程，从而成为科学研究的利益相关者。由于产业部门对科学研究的投入份额逐渐增大，并成为科研活动中非常活跃的组成部分，使公私部门科学研究活动之间联系密切并多样化。因此，科学共同体的范围在外扩，不仅包括科学家，还包括其他参与进来的利益相关者。这一特点，作为科学技术的管理者无论是在宏观还是在微观的管理中必须要考虑到多方利益相关者的诉求。

2. 科学与技术相互渗透与融合，科学研究跨学科呈现复杂性

在很长一段时间内，科学与技术，乃至不同学科间是相互分离的，各自独立发挥其社会作用。而当代科技发展的一个基本特征就是科学与技术的融合，科技不仅向着纵深发展，更强调学科间、科学与技术间、自然科学与人文科学之间的整合，最具有代表性的是纳米、生物、信息和认知等四大领域的整合，极大地推动了当代人类整体认知能力的飞跃。科技的相互融合、渗透改变了传统意义上

的学科边界，造成了科学与技术、基础研究与应用研究，乃至各个学科之间界线日益模糊不清的现象，并最终造就了一系列新的跨学科领域，如环境科学、信息科学、材料科学等。21 世纪是不同领域科技创造性融合的年代，科技的未来发展将日益依赖于多学科融合战略来解决各种高度复杂的问题。

3. 科学技术成为提升经济竞争力的重要因素

技术成果转化为现实生产力的速度在加快，从而促进产业化的周期不断缩短。蒸汽机从发明到运用花了 80 年，电话是 55 年，无线电是 35 年，电视机是 14 年，而半导体从发明到运用只用了五年，激光仅用了两年。20 世纪 90 年代以来，几乎平均每七到八天就有一项重大的电子技术成果出现，而且相应行业的产业化进程也在加快。

在激烈的国际竞争中，科学发现及技术发明的产业化程度决定了其能否在经济发展中占据主动地位，能否取得发展行业发展经济的主动权。20 世纪 50 ~ 70 年代，美国、日本及欧洲等主要经济发达国家，科技进步对经济贡献率一般在 41% ~ 75% 。进入 21 世纪以来，一些发达国家的经济增长 60% ~ 80% 是依靠科技进步取得的。[1] 目前，我国科技进步对经济增长率的贡献为 39% 左右，国家中长期科学和技术发展规划纲要提出力争到 2020 年科技进步对经济的贡献率达到 60% 以上，以支撑经济的快速发展。科学技术在市场竞争中的地位不断提升，科技创新能力成为国家和区域培育竞争力的核心。

4. 科学技术既是经济增长和产业发展的推进器，还是解决社会问题的重要途径

20 世纪 90 年代以来，科技进步已成为优化经济结构和产业结构、提升产业竞争力的主要途径，科技进步及科技创新的成果转化

---

[1] 杜谦、杨起全："关于当前我国科技发展主要矛盾的思考"，载《中国科技论坛》2001 年第 2 期，第 22 ~ 26 页。

和应用不仅可以解决社会发展中的一些资源和环境问题，还可以提升城市管理水平和人民生活水平。因此，科学技术逐渐融入经济、社会发展的方方面面，从而越来越多地被纳入造福人民的广阔国家目标中，包括：公众健康、社会繁荣、国家安全、环境责任以及改善生活质量等。

5. 科技的伦理价值日益突出，对科技负面效应的关注和规避增多

随着科学技术社会功能的不断强大，它的影响几乎已经渗透到人类生活和工作的各个角落。科学技术的发展像一匹野马，既有利于人类、社会、经济发展的一面，也会因为利用不当而具备危害人类进步的一面（如新近美国有人设计制造的3D打印技术，可以打印出真枪）。这是科学共同体无法单独应对的科学潜在的难以驾驭的巨大力量和难以预见的不确定风险，需要其他利益相关者共同承担来自科学技术本身的伦理挑战。因此，世界各国政府都十分关注科学技术应用的伦理价值，试图牵住科学技术这匹野马的缰绳，规避科技的负面影响，引导科学技术沿着可持续发展的轨道，促使科技为人类全面、协调发展提供服务，突出人与自然协调发展的支撑作用，使科技成为全面社会进步的重要推动力量，为人类的幸福生活、社会和谐作出独特的贡献。

（二）科技管理体制现状与存在的问题

自改革开放以来，特别是进入21世纪以来，我国科技实力和能力的全面提升，以及科技成果的显著都是举世瞩目的。目前，我国已经建立起比较完备的学科体系，拥有丰富的人才资源，部分重要领域的研发能力已跻身于世界先进行列，具备了科学技术大发展的基础和能力。但是，与发达国家相比，我们不仅在科技发展的水平和能力上存在差距，而且更大的是制度差距。从某种意义上说，解决体制机制问题远比解决具体的科学与技术问题更为重要，也更为艰难。目前的状况是，从政府科技管理体制的机构设置和职能来

看，可以概括为“三个缺乏”：

第一，缺乏科技管理顶层领导体系的设计。自1998年政府机构改革以来，科技部从国家科技综合管理部门变成专业部门，虽然在名义上是中国宏观科技管理主管部门，但在实际运行过程中，科技宏观管理的职能却分散在发改委、财政部、工信部、教育部、科学院、中国科协、自然基金委等多个政府部门，涉及部门机构多达20多个，这些部门在科技发展过程中很容易各自为政，根据自身需要出台相应的科技政策，争夺有限的科技资源，在客观上造成了中国科技政策体系政出多门，不利于科技政策的实施和科技资源的有效配置。地方政府科技管理体制的机构设置和职能与中央政府的机构设置和职能“同构现象”严重，即上下“一般粗”的体制，几乎就是中央科技管理机构和职能的“缩小版”，存在的问题也很类似。

第二，缺乏中央与地方政府之间的协调部门。这一方面容易造成国家的宏观科技发展战略很难渗入地方科技发展的举措中，影响国家宏观科技发展战略的实现和配合；另一方面在中央和地方财政实行“分灶吃饭”的情况下，科技预算管理缺乏统筹，很容易造成中央和地方、各地方之间科技经费的重复投入、重复研究的弊端，造成巨大的浪费，国家很难举全国科研之力在关键领域取得突破。

第三，缺乏完善的科技决策咨询机构体系。要从根本上杜绝决策制定的“拍脑袋”现象，提升科技决策的质量，必须依靠科学的政策分析，依靠完善的科技政策咨询体系所提供的坚实支撑。相对于西方国家较为完善的政府内外科技决策咨询体系，中国科技情报研究所和中国科技发展战略研究院一直以来是中国主要的科技政策支援机关，除此之外，科技政策咨询机构并不多见，尤其是设于政府外部形态多样的科技行政关联机构，无论是市场体系下第三方科技政策提议部门，还是设置于高校的科技政策研究机构，都有待进一步发展和培育。

当前存在的具体突出问题，一是科技经济“两张皮”问题没有真正解决。以企业为主体、市场导向、产学研相结合的技术创新体系建设还存在体制机制障碍。由于科技管理体制和评价导向的原因，许多科技人员还只是追求出论文、样品，目的是评职称、晋级。二是宏观科技决策机制和组织结构不合理造成体制分割，有限的科技资源难以实现优化配置，科技资源短缺与闲置浪费并存，资源利用和投入产出效率不高。由于部门之间在科技决策上协调不够，造成许多领域重复投入、分散投入，难以在国家整体目标上形成一致和分工合作，削弱了国家科技组织动员能力和协同集成能力，在一些战略方向性和关键共性领域，往往不能集中资金和研究力量实施重点突破。三是广大科技人员在一些体制机制的障碍下，科学研究的积极性和创造性还没有充分调动起来，科技创新的潜力还没有充分发挥出来。在不少研究领域，中青年科研人员特别是处在研究工作一线的高水平人才难以脱颖而出。

为此，无论是从国家科技战略的宏观角度还是从科技创新的微观角度来看，加快政府科技管理体制改革步伐，进一步转变政府职能，以适应社会主义市场经济体制的需要已经成为当务之急。

（三）政府科技管理创新的任务

习近平同志2011年5月27日在中国科协第八次全国代表大会上的祝词中指出：“十二五”时期是全面建设小康社会的关键时期，是深化改革开放、加快转变经济发展方式的攻坚时期。加快转变经济发展方式，最根本的是要依靠科技的力量，最关键的是要大幅度提高自主创新能力。我们要努力使科技创新成为经济社会发展主要驱动要素，为全面协调可持续发展提供持久动力；使科技创新成为产业发展的核心竞争要素，促进先进科技与产业深度融合；使科技创新成果成为惠及人民大众的有效手段，让先进技术广泛而深入地渗透到社会生活的各个方面，实现从“中国制造”向“中国创造”的转变，推动我国走上科学发展、创新驱动、内生增长轨道。要想实现这样的目标，最关键的问题是切实深化科技体制改革，特别是急需解决当前政府科技管理体制机制中与社会主义市场经济体制不相适应的部分，不断转变政府职能，理顺各种关系，最大限度地解放科技“第一生产力”。

为实现科技创新的目标，对政府的科技管理改革，应当重点在三个方面展开：一是在理念上，进一步深入理解科学与技术的关系、科技与社会政治文化的关系、政府与市场的关系等方面。二是在体制上，加强战略决策与宏观统筹，建立政产学研用融合的创新体制，完善地方科技管理体制。三是在机制上，明确政府介入的方向和重点，优化政府发挥作用的模式。

1. 理念方面

对于与科学和技术发展相关领域中的一些基本认识，有些从事政府科技管理，甚至实施战略决策的人，并不十分清晰，甚至在有关科技创新的决策层、管理层还没有达成共识。比如，科学和技术的联系和区别，如何看待科学技术，怎样才是以人为本的科技管理。还比如，科技与社会是怎样的关系，科学技术是不是仅仅作为“生产力”而存在，也就是说，科技是否仅仅有经济功能。科技与政治、法律、文化等是否存在互动关系等。特别是对于政府管理至关重要的理念——政府与市场的关系，当前尤其需要加以明确。总之，在所有的相关者之间形成共同而明确的思想基础，是推动政府科技管理改革的前提。因此，同志们需要不断继续努力学习。

2. 体制方面

关于体制问题主要有两个方面。一是政府科技管理的体制，包括我国的中央政府和省一级的地方政府（如北京市政府），其中，核心是中央政府，因为在我们这种单一制国家，中央政府的管理体制极大地影响其下层级的管理体制。政府管理体制中，当前突出的问题是缺乏宏观统筹，涉及组织机构及其相互关系。（北京市政府科技管理体制的问题还有待进一步调研，提出调整市科委等相关部门职能的具体建议）第二个方面是科技创新实施的体制，当前情况下主要是搞清科技创新的主体都有哪些，他们在市场经济条件下都应各自发挥什么样的作用，政府在科技创新中的角色和应该如何在科技管理中发挥作用，如何实现产学研用相融合，把多年来主要积淀在学术界的知识、人力、设施等资源，与亟待增强研发能力的企业结成基于市场机制的联盟。

3. 机制方面

科技创新的任务怎样确定，是政府决定还是市场决定？政府长期以来依赖于以科研管理为基调的“学术导向”的科技管理路径，现在应当转变为以国家或地区经济与社会发展对科学技术提出的需求来确定科技创新的方向和任务，即“需求导向”来决定。当然也有人提出应当既考虑学术、又考虑需求，找到两者的结合点。实践证明，应多强调市场和社会需求的拉动。

其实，所谓政府科技管理的机制，就是确定政府科技管理的主要任务，选择完成任务的方法和模式。在现实中，政府科技管理的重头是科技计划项目管理。这固然重要也有效，但远远不是最重要的，也不是最有效最能体现政府职责的工作。制定实施战略与规划、法规政策，培育创新的社会基础，是政府科技管理最优先的任务。提供公共产品比如科技创新平台，提供公共服务比如组织开展科技评价，是政府的重要职责。更合理、高效地使用财政科技经费，是政府管理机制改革的重要内容。

（四）科技创新中政府与市场的关系及作用

在我国，由于政府掌控着大量的科技创新（存量和增量）资源，以及制定科技发展战略、法规政策和直接投入科技活动的权力，在现代市场经济条件下，对于政府在科技管理中如何划分其与市场的边界、如何相互作用和协调等问题的认识，对政府在科技管理中的角色定位有着至关重要的意义。

那么在科技创新中如何处理好政府与市场的关系呢？首先，要区分并充分发挥好这两种力量的作用，政府与市场是两个互为补充的资源配置方式，但应明确市场在科技创新中的基础性地位，充分尊重市场规律、发挥市场“无形之手”自发配置资源、自发调节供需的作用，凡是市场能做的和应该做的、政府可管可不管的，都应交给市场去做。政府只为社会提供市场解决不了的公共产品和公共服务。第二，由于科技创新活动及其产品和技术有其内在的特殊性，在一些情况下，政府的介入也是非常必要的。政府介入科技创新的前提，是在科技创新过程中存在“市场失灵”，而且在科技创新过程的各个阶段和环节都可能存在市场失灵的问题，因此，需要政府的介入和调节。主要表现在：

（1）政府投资的介入。科技创新是一种高风险行为，其结果具有极大的不确定性，在极为重要的基础研究的科技创新更是如此。据已有相关资料统计，纯基础研究的成功率一般为3%，应用基础研究的成功率也仅有15%。[1] 由于科技创新投资的高风险性，传统的金融机构一般不愿向创新的企业提供贷款，因而通过市场渠道筹集创业资金是很困难的。再者，企业的目标是追求利润最大化，这也决定了企业不会对投资规模大、进展慢、具有部分公共产品属性的基础研究进行投资。而基础研究恰恰是知识产权创新体系中不可或缺的一环，其研究状况在一定程度上反映了国家的科技进步情况。在高新技术研究所需经费越来越大、技术含量越来越密集的情况下，科技创新常常要调动一个国家，乃至是数个国家联合起来的经济、技术和人力资源才能办到，离开国家的支持，那些前沿科学技术研究很难获得进展。政府必须相对更大程度地干预科技创新领域。

（2）组织协调的介入。科技创新是一项系统工程，日益呈现出社会化的趋势。当科技创新已经超越了个体的活动方式，成为一种群体性事业，形成了一种社会协同合作的趋势时，它要求政、

[1] 孙敏、鄂海涛、耿成轩：“探析企业自主创新过程中政府行为”，载《决策与信息》2011年第12期。

产、学、研、中介等社会各部门的互动和有效配合，在这方面单单靠市场调节是难以奏效的。因为在政、产、学、研、中介等环节中，只有政府是公共权力机构，具有当然的社会管理、资源调动和调节能力。我国《科技进步法》第6条规定，“国家鼓励科学技术研究开发与高等教育、产业发展相结合，鼓励自然科学与人文社会科学交叉融合和相互促进”，“国家加强跨地区、跨行业和跨领域的科学技术合作”。

（3）对知识产权保护的介入。科技创新成果——知识产品的公共性，要求加强政府的管理和保护。知识产品具有公共性，而且是全球化的公共产品，知识的使用是没有边际成本的。但是，知识产品的生产是需要本钱的，知识产品的生产者必须得到必要的回报。为了保护权利主体的利益，在市场机制失灵的情况下，必须强化政府的管理职能，强化政府在科技创新体系中的地位和作用。《科技进步法》第7条规定，“国家制定和实施知识产权战略，建立和完善知识产权制度，营造尊重知识产权的社会环境，依法保护知识产权，激励自主创新”。

在科技创新活动中政府干预市场的行为，大致有四种方式：①引导市场。通过确定技术创新和产业进步的发展战略。通过促进产品结构的升级和创建新产品。②培育市场。要求政府具有相应的培育市场的能力，来推进科技成果的产业化。采取激励及优惠政策：一是风险防控性政策；二是激励性政策；三是政府采购政策；四是约束性政策；五是税收优惠。③规范市场。科技成果一旦被引入市场，政府应该在法制规范、政策制定、舆论营造中发挥服务性作用，如通过完善知识产权制度，对创新行为进行鼓励和保护。④弥补市场。一是通过公共支出解决具有公共品属性的技术供给不足问题。首先通过公共支出解决技术攻击问题，主要包括与国防相关的作为纯公共品的技术研发、使用对象是广大居民而不便于市场化的公益技术的研究。其次，通过公共支出，解决那些投入大、研究周期长、研究风险大的项目的研究支出。这类项目虽然具有较好的市场前景，但私人部门一般无力或者不愿意承担这样大的风险。最后，应该通过公共支出向竞争性行业提供必要的技术供给。二是解决信息不对称问题。在技术和产品研发的进程中，不可避免地存在着融资、技术、产品和博弈者信息的不对称性和不完备性。信息的不对称性和不完备性极大地限制创新企业的融资、企业之间的创新合作以及针对博弈者的创新路径、技术与产品选择，从而影响创新绩效。政府应该负担起应负的责任并对相关的各项事务发挥重要影响，如扩大市场的透明度，提高品牌声誉和认可度，加大政府的投入，尤其加大对中小企业的投入支持，以减少不确定问题。三是解决外部性问题。由于外部性问题的发生，使原有的技术在市场中的竞争力逐渐降低，政府需要采取各种措施消除市场障碍，允许临时性的垄断，同时也要防范和控制长期垄断，促进知识资源的有效配置和流动。

三、政府在科技创新中的角色定位

（一）政府科技管理创新的“北京模式”

首都科技发展战略研究院 2012 年首次公布了首都科技创新发展指数统计结果，北京市科技创新发展指数在世界十大城市中排名第五。这是首个以连续、动态方式跟踪和度量科技创新发展情况的指数系统，通过 62 个纵向指标和 13 个横向指标在世界范围内将北京科技创新水平进行了定位。

1. 创新的中关村科技示范区

中关村国家自主创新示范区，之所以能够被树为中国科技创新的一面旗帜，成为闻名世界的中国“硅谷”，并被美国《时代周刊》评价为“中国高科技企业的摇篮，致力于培养中国的比尔·盖茨，并将带领中国进入信息时代”，是因为它从 20 世纪 80 年代之初与我国改革开放的大潮一道，起源于“中关村电子一条街”，逐步从自发形成到跨入国家规划布局，从国内引领到迈入国际主流，从跟随性探索走向原创性发展至今，最终走出了一条有中国特色的、以科技创造财富的自主创新之路，为经济转轨的发展中国家探索出一条“创新驱动、内生增长”的高技术产业发展模式与道路，成为我国新经济发展的典型代表。与此同时，它又成为北京市在政府科技管理创新上的积极探索，并形成和积累了可贵的经验。

中关村国家自主创新示范区是中国高科技产业中心，是中国第一个国家级高新技术产业开发区，第一个国家自主创新示范区，第一个国家级人才特区，是我国体制机制创新的试验田。

1980 年中科院研究员陈春先等在中关村创办了第一个民营科技机构——北京等离子体学会先进技术服务部（即后来高科技企业的雏形）；

1983 年诞生了一批按照“四自”原则（即自筹资金、自由组合、自主经营、自负盈亏）来组建、运营的民营科技企业；

1988 年经国务院批准成立了我国第一个国家级高新技术产业开发区——北京市新技术产业开发试验区；

2009 年国务院批准建立了第一个国家自主创新示范区；

2010 年底，国务院支持中关村实施“1 + 6”系列新政策，进一步加大了中关村体制机制创新和先行先试力度（“1”是搭建中关村创新平台，“6”是在科技成果处置权和收益权、股权激励个人所得税、中央单位股权激励审批方案、科研项目经费管理体制、统一监管下的全国场外交易市场和完善高新技术企业认定等方面实施的 6 项新政）。

2010 年 12 月 31 日中关村创新平台正式挂牌运行，下设 8 个具体办事机构，19 个国家部委相关司局参与平台工作，31 个北京市相关部门派驻人员到平台办公，重点围绕示范区和人才特区建设、战略性新兴产业发展等重大事项，共同推进先行先试政策，联合支持战略性新兴产业重大项目，初步形成了集中办公、主动受理、联合审批、“一条龙”服务的工作机制。

2. 创新的法制保障

当今一些国家和地区推动经济社会发展的一个显著经验，是在一定的空间范围内形成一个或若干个具有繁华意义的特别区域，领导和标识经济和社会发展的新方向、新潮流。而这些区域取得成功的一条基本经验，在于都注重法治环境的建设，都有一个与其生存和发展需要相适应的法治环境。如除了美国的“硅谷”，还有英国的“剑桥”、韩国的“大德”、中国台湾的“新竹”，中国北京的“中关村”等。

北京市重视科技法制建设，在保持法制统一、贯彻落实宪法和国家有关法律法规的前提下，围绕科技园区、技术市场、科普、实验动物、知识产权等多个首都科技创新的重要方面，创造性地制定实施了一批地方性法规和规章，为科技创新提供了有力的法制保障。

1988 年开始实施的《北京市新技术产业开发试验区暂行条例》（即“十八条”），是中关村地区的第一个区域性法规，也是中关村科技园区创新和发展历程中的奠基性文件。它确立了中关村市场经济的法治基础和中关村科技园区的法律地位，并制定了税收优惠等一系列扶持政策。

2001 年实施的《中关村科技园区条例》，在国内立法中首次完整地构建了科技园区法治环境的原则框架，其最大的亮点就是第一次明确提出了“法无明文禁止不为过”的创新原则，并创设了 30 多个“第一”的新制度，对于探索在中关村科技园区建立市场经济的法治环境和未来发展具有重要意义。

2011 年开始实施的《中关村国家自主创新示范区条例》，是结合新的形势和要求，在现有法规政策规定的基础上，推动中关村发展再上新台阶，又做了多方面的创新突破，目标是把中关村打造成为具有全球影响力的科技创新中心。

3. 创新的政策支持

除了前边所介绍的三个具有基础性、开创性和创新性的地方性法规和规章之外，北京市始终注重对科技创新的政策制定和供给。据统计，“十一五”时期是北京科技创新政策法规出台数量最多、覆盖范围最广、支持力度最大、体系构建最完善的阶段。五年中制定出台了100多项科技创新政策法规。目前，北京市已经形成了由8个地方性法规、6个政府规章和200多个政策文件构成的政策法规体系。为了加快协调推动6项先行先试政策的落实，依托中关村创新平台，中央部委共牵头出台了支持中关村先行先试政策文件12项，北京市出台了20余项配套实施文件。有效激发了科研单位、企业和科技人员研发创新的积极性，政策引导带动效应初步显现。截至2011年年底，示范区实施股权激励单位近500家；500余家企业享受了税收试点政策，910家企业的4868个项目通过企业研究开发项目鉴定；1235个重大项目纳入科研经费管理改革试点；1364家企业递交了高新技术企业认定的申报材料，新认定高新技术企业1282家。

中关村科技园区管理委员会每年都将这些与中关村创新示范区有关的政策文件汇编成册，免费发放给科技园区内的创业者、创业组织和相关单位和机构，为大家提供法规政策的指导和帮助。

4. 创新的政府管理与服务模式

中关村科技园区管理委员会（简称中关村管委会）是负责对中关村国家自主创新示范区（目前是一区16园）发展建设进行综合指导的北京市政府派出机构。内设办公室、产业发展促进处、自主创新能力建设处、规划建设协调处、科技金融处、人才资源处、创业服务处、军民融合创新工作处、经济分析处、国际交流合作处、研究室（法制处）、宣传处、财务处、监察处、人事处、机关党委等16个处室和中关村高科技产业促进中心、中关村政府采购促进中心、中关村人才特区建设促进中心三个直属机构。

其主要职责是：（1）贯彻落实国家有关法律法规和政策，研究拟订园区的发展战略和规划，参与组织编制园区有关空间规划，组织研究园区相关改革方案，促进可持续发展。（2）研究制定园区发展和管理的相关政策，起草相关地方性法规草案、政府规章草案。（3）协调整合各类创新资源，开展园区创新创业、高新技术研发及其成果产业化、科技金融、人才资源、中介组织、知识产权保护等方面的促进和服务工作。（4）负责管理市财政拨付的园区发展专项资金，并协助有关部门监督专项资金的使用。（5）根据市政府授权，对北京市中关村发展集团股份有限公司市级财政投入资金履行出资职责，依法对其国有资产进行监督管理，并加强业务指导。（6）指导各园的工作，承担中关村国家自主创新示范区领导小组的日常工作，负责园区内各类协会组织的联系工作。（7）开展园区国际交流与合作，提升园区国际化发展水平。（8）承担园区外事、宣传、联络等工作。（9）承办市政府交办的其他事项。

中关村创新平台（全称为中关村科技创新和产业化促进中心）2010年底正式挂牌运行，由国家有关部门和北京市相关部门共同组建，平台下设重大科技成果产业化项目审批联席会议办公室、科技金融工作组、人才工作组、新技术新产品政府采购和应用推广工作组、政策先行先试工作组、规划建设工作组、中关村科学城工作组和现代服务业工作组等8个具体工作机构，19个国家部委相关司局和31个北京市相关部门派驻人员参与到平台办公。重在进一步整合首都高等院校、科研院所、中央企业、高科技企业等创新资源，采取特事特办、跨层级联合审批模式，落实国务院同意的各项先行先试改革政策。

创新平台的主要职能，一是建立重大科技成果转化和产业化项目资金统筹机制，成立重大科技成果转化和产业化项目联席会议，统筹使用政府相关部门支持科技创新和产业化的资金，加快推动重大科技成果转化和产业化；二是“全链条、全要素、全社会”促进科技成果转化，即北京市在科技成果转化过程中，将多种要素、多个环节和多元主体相互连接在一起，构成了全社会共同促进科技成果转化的立体服务网络。其最主要的经验是：政府部门在参与支持科技创新的过程中，也转变了自己的理念、职能和工作方式，转变传统的不适应市场化的政府管理模式，变政府单一行政命令式的管理为积极为创新创业主体提供帮助和服务，并在宏观上通过制定法规政策对其进行指导和规范的管理模式。（比如传统的做法是按照政府的指令研发项目，现在的做法是政府根据市场选项目和支持有市场的项目）中关村管委会作为北京市政府的派出机构，据课题组到实地调研了解，其主要的职能是协调各部门的关系，一方面是代表政府向园区里的创新创业企业宣讲相关的国家政策法规（中关村管委会本身没有立法职能）；另一方面是代表园区里的创业主体向政府反映他们的需求，以便政府提供相应具体的服务。其最主要的经验就是：管委会从头到尾所做的都是在营造有利于创新的法治环境，使创业者在中关村实现自己的梦想；而且管委会所提供的服务一定是在创业者和创业企业有需要时，他们不需锦上添花（那是他们自己的事），只需雪中送炭（“我们有事会找你们”）。政府只管市场做不到、创业主体有需要的事。正是由于中关村有各种优惠的扶持政策和宽松的创业环境（如宽容失败的风气），才集聚了无数海内外人才和成就了许多知名的民营企业家。

总之，中关村国家自主创新示范区的政府管理和服务模式是与示范区内的创新创业环境以及先行先试的政策体制相辅相成、相互联系和相互影响的，也是一种政府科技管理体制和行为的创新，对这种创新模式的探索、总结和完善，不仅对北京市乃至全国的政府行政管理体制改革和政府职能转变，将有重大的推进作用和参考价值。

（二）政府在科技创新中的多重角色

中共北京市委、北京市人民政府《关于深化科技体制改革加快首都创新体系建设的意见》提出，要坚持政府支持、强化市场导向。统筹发挥政府在战略规划、政策法规、标准规范和监督指导等方面的作用和市场在资源配置中的基础性作用，完善激励创新的体制机制和政策措施，营造公平开放的市场环境，实现创新资源的合理配置和高效利用。北京市科技创新欲上一个新台阶，政府有关部门就要转变思路，将工作重心转移到营造良好的政策环境上，通过区域、产业、政府采购和人才激励的系列政策，鼓励各类企业加大技术开发的投入，吸引并留住科技人才，拼争知识产权，不断提高竞争能力。

课题组通过对国家有关部委司局和北京市政府在中关村国家自主创新示范区进行创新管理模式先行先试的实践经验进行梳理和总结，并结合国内外科技创新与发展形势给当今经济、政治、教育、文化、卫生等社会各领域所带来的前所未有的变化和影响进行思考后认为；以科技管理创新为切入点的新一轮政府行政体制改革已悄然兴起，并正在逐步引向深入。通过对科技创新管理的实践和尝试，使政府逐步理清与市场的关系和地位，以及在市场经济中政府与创新创业企业及其他参与主体之间的关系，使政府从传统的科技管理体制机制中解放出来，做市场做不了、做不好和不愿做又需要做的事情，把政府的职能角色与市场经济的需要、科技创新的发展和创业主体的需求结合起来。政府在科技北京建设中应具备以下多重角色的功能：

1. 政府是科技创新宏观调控的管理者和引导者

作为管理者，由于市场是不完全及有缺陷的，加之在科技创新过程中存在“市场失灵”等问题，因此，政府必须有条件地干预市场经济的运行过程，对整个社会的经济生活加以宏观调控。主要是通过财政政策、货币政策、产业政策和经济计划等手段，对经济生活加以宏观调控。作为引导者，在科技创新的宏观管理领域，政府需要通过制定与市场经济相适应的各项科技法律法规和政策，引导科技创新行为，规范界定科技创新中各个主体（如政、产、学、研、用、中介等）的角色和地位，确认其权利和义务，并制定各种扶持、激励和调整政策。还应对涉及国家重大和中长期的科技战略项目制订计划和规划，并完善各种基金的设立和发放制度等。

2. 政府是科技创新环境的营造者和公共物品的提供者

作为创新环境的营造者，在发展战略上，政府必须把科技创新放在经济建设和社会发展的首要位置，着力营造鼓励创新的社会环境、市场环境、学习环境。具体来说，一是大力普及和宣传科学知识，形成“爱科学，学科学，用科学”的良好社会风尚。二是奖励在科技创新活动中作出突出贡献的科技人员，使他们得到经济实惠和受到社会尊重。三是简化办事程序，对高新技术项目和高新技术人才提供高效、快捷的服务。四是重视技术创新人才的培养和深造。五是为科技创新主体提供信息、技术及人才等其他所需的服务。作为公共物品的提供者，一方面，对于科技创新企业来说，面临的风险是多重的，主要有市场风险、制度风险、技术风险等，而企业控制各类风险的资源总量在一定时期内是有限的。另一方面，由于公共物品的非排他性，私人经济部门会因投入高、效益低而不愿或无力生产和提供；同时，若公共物品的生产和提供形成垄断，将会损害消费者利益。因此，政府必须通过国家预算开支，担负公共物品的生产和供给的主要责任。

3. 政府是支持培育科技创新的消费者

作为消费者，这是针对科技创新产品在成长初期市场拓展较难，通过实施政府采购和首购政策，进行消费科技创新成果的实际行动，对创新企业和创新产品进行培育和支持的利益保障制度。特别是在新产品成长初期被市场认可本身需要一定时间过程，实力弱小的中小企业，成长初期往往还面临巨大的财务风险，政府采购不仅本身可以拉动一部分市场，以缓解提供新产品企业的财务危机，而且通过对新产品的使用还能起到示范和带动作用，并加速市场对新产品的认知，这是企业价值实现的重要拉动力。目前，在这一块的法律制度保障方面政府已经有了进一步的完善，国家财政部、工信部根据我国的《政府采购法》和《中小企业促进法》在2011年年底新出台了《政府采购促进中小企业发展暂行办法》。该部门规章的最大亮点就是加强了各部门政府采购计划的编制工作，制订向中小企业采购的具体方案，具体要求预留本部门年度政府采购项目预算总额的30%以上，专门向中小企业采购，其中，预留给小微型企业的比例不低于60%。这为政府采购制度的具体落实到位，奠定了可操作的法律基础。

4. 政府是科技创新市场秩序的维护者和监督者

作为市场秩序的维护者，知识产权制度是维护市场经济公平有序竞争的有效机制，它赋予创新者对其创新成果在一定时期内的排他性占有权，能较好地克服科技创新的外部性，维护创新者的利益，是激励企业科技创新的强有力的基本法律制度。因此，为培育企业科技创新主体，调动其科技创新的积极性，政府的重要工作是加大知识产权的保护力度，鼓励、支持有关单位和科技人员通过申请专利、注册商标等方式依法获取知识产权，以维护科技创新市场秩序。作为监督者，主要是监督各项科技创新法律、法规和政策的落实和执行情况；建立健全各项科技创新项目立项、审批制度和监督体系，监督科技创新行为及评价科技创新效应，在立项和结项的过程中，可以委托第三方专家评审团介入监督等。

5. 政府是科技管理体制创新的推动者和组织协调者

作为制度创新的推动者，在制度创新中，一是要制定中长期的科技创新发展战略和规划，以及一系列旨在提高科技创新水平的优惠政策和措施。二是要建立和完善以财政科技投入为引导、企业技术投入为主体、金融科技信贷为支撑、外资和社会集资为补充的多元化的科技投入体系。三是要建立立项论证、资金投入跟踪服务制度，有效地防范项目投资风险。四是要建立科技发展基金，重点扶持科技水平高、前景好，但有一定风险的高新技术开发项目；设立产学研引导资金和贴息专项资金，鼓励企业推进研究开发和新产品试制。作为组织协调者，一是要理顺科技创新主体和各参与主体之间的关系，充分发挥社会组织、中介服务机构和网络服务机构的作用，把过去政府不该管、管不好的职能下放给他们去做，例如科技项目评审、科技成果鉴定等。二是注重培育企业孵化器的作用，把握好政府既不越位也不缺位的市场角色。三是要做好科技成果的转化组织协调工作，为制定《北京市科技成果转化促进条例》提供立法实践依据。

第三章　科技北京对科技立法的需求

科技立法是科技北京建设的题中之义，也是科技管理和服务的基础。加强科技立法，对于推进依法行政、建设法治政府具有重要的现实意义。北京市科技的发展离不开科技法制的支撑，根据科技北京发展要求，制定出适应科技北京发展需要的法规规章，形成科技法制体系，是当前和今后政府法治建设的重要内容。

一、国家科技立法的概况与不足

目前，我国已形成以《科技进步法》为基础，以大量法律、行政法规和部门规章为骨干的多层次的科技法律体系，涵盖科技研发、科技普及、科技企业促进、科研机构管理、科技奖励、知识权利保护、科技成果推广应用和科技安全等多个领域的科技社会关系。[1] 对科技事业的发展和创新型国家的建立，提供了良好的制度基础，并在实践中起到了极大的促进作用。

（一）现有国家科技立法分布

表 1　我国现行科技法律分布表

序号	领域	法律名称	公布时间	修订时间	规范的科技事项
1	科技整体进步	科学技术进步法	1993 - 07 - 02	2007 - 12 - 29	科学研究、技术开发与科学技术应用；企业技术进步；科学技术研究开发机构；科学技术人员

[1] 李宗辉：“近现代中国科技立法的变迁”，载《科技与法律》2012 年第 6 期，第 72 页。

续表

序号	领域	法律名称	公布时间	修订时间	规范的科技事项
2	科技研发	循环经济促进法	2008-08-29		循环经济科技攻关项目的自主创新研究、应用示范和产业化发展
3	科技应用与成果转化	促进科技成果转化法	1996-05-15		科技成果转化的组织实施、保障措施、技术权益与法律责任
		农业技术推广法	1993-07-02	2012-08-31	农业技术推广工作
4		政府采购法	2002-06-29		高新技术产品的政府采购
5		合同法	1999-03-15		技术合同
6	科技普及	科学技术普及法	2002-06-29		科技普及的组织管理、社会责任与保障措施
7	知识产权保护	专利法	1984-03-12	1992-09-04 2000-08-25 2008-12-27	专利权的取得、行使与保障
8		著作权法	1990-09-07	2001-10-27 2010-02-26	著作权的取得、行使与保障
9		商标法	1982-08-23	1993-02-22 2001-10-27 2013-08-30	专利权的取得、行使与保障
10	企业技术进步	公司法	1993-12-25	1999-12-25 2005-10-27 2013-12-28	公司中的技术出资
11		中小企业促进法	2002-06-29		科技企业的资金、创业扶持、技术创新、市场开拓与社会服务
12		合伙企业法	1997-02-23	2006-08-27	有限合伙企业（这种合伙形式有利于将具有投资管理经验的机构和个人与投资者进行结合，为风险投资提供新的法律组织形式。）
13		企业所得税法	2007-03-16		高新技术企业的税率

表 2　我国现行科技类行政法规分布表

序号	领域	次领域	法规名称	发布日期	修订日期	上位法依据
1	知识产权保护	专利权保护	专利法实施细则	2001 - 06 - 15	2002 - 12 - 28 2010 - 01 - 09	专利法
2						
3		著作权保护	著作权法实施条例	2002 - 08 - 02	2011 - 01 - 08 2013 - 01 - 30	著作权法
4			计算机软件保护条例	2001 - 12 - 20	2013 - 01 - 30	著作权法
5			集成电路布图设计保护条例	2001 - 03 - 28		著作权法
6			著作权集体管理条例	2004 - 12 - 28	2011 - 01 - 08	著作权法
7			实施国际著作权条约的规定	1992 - 09 - 25		
8		商标权保护	商标法实施条例	2002 - 08 - 03		商标法
9		知识产权海关保护	知识产权海关保护条例	2003 - 12 - 02	2010 - 03 - 17	海关法
		植物新品种权保护	植物新品种保护条例	1997 - 03 - 20	2013 - 01 - 31	
10	科技市场	技术进出口	技术进出口管理条例	2001 - 12 - 10	2011 - 01 - 08	对外贸易法
11		反补贴	反补贴条例	2001 - 11 - 26	2004 - 03 - 31	
12	科技研发	科技园（区）管理	国家高新技术产业开发区若干政策的暂行规定	1991 - 03 - 06		
13		科技基金	国家自然科学基金条例	2007 - 02 - 24		科技进步法
14		科技拨款	关于科学技术拨款管理的暂行规定	1986 - 01 - 23		
15	科技安全	信息安全	商用密码管理条例	1999 - 10 - 07		
			计算机信息系统安全保护条例	1994 - 02 - 18	2011 - 01 - 08	
16		生物安全	农业转基因生物安全管理条例	2001 - 05 - 09		
17			病原微生物实验室生物安全管理条例	2004 - 11 - 12		
18		人类遗传资源安全	人类遗传资源管理暂行办法	1998 - 06 - 10		
19	科技奖励	国家奖励	国家科学技术奖励条例	1999 - 05 - 23	2003 - 12 - 20	
20	国际科技合作		中华人民共和国政府与欧洲共同体科学技术合作协定	1998 - 12 - 23		

表 3　我国现行科技类部门规章分布表

序号	领域	次领域	规章名称	发布日期	修订日期	上位法依据	发布机构
1	科技研发	科技园（区）管理	国家大学科技园认定和管理办法	2006-11-24			科技部、教育部
2			国家可持续发展先进示范区管理办法	2007-03-20			科技部
3			国家可持续发展实验区管理办法	2007-03-20			科技部
4		科技计划	国家科技计划管理暂行规定	2001-1-20			科技部
5			国家科技计划项目管理暂行办法	2001-01-20		科学技术进步法	科技部
6			国家科技计划项目评估评审行为准则与督查办法	2003-01-29			科技部
7			国家科技计划实施中科研不端行为处理办法（试行）	2006-11-07		科学技术进步法	科技部
8			国家技术创新计划管理办法	2002-10-29		科学技术进步法 促进科技成果转化法	原国家经贸委
9			国家科研计划课题招标投标管理暂行办法	2002-05-28			科技部、财政部、原国家计委、原国家经贸委
10		科技项目	国家技术创新项目招标投标管理办法	2002-10-29		科学技术进步法 促进科技成果转化法	原国家经贸委
11			国家高技术产业发展项目管理暂行办法	2006-02-28		科学技术进步法 促进科技成果转化法	发改委
12			科技型中小企业技术创新基金项目管理暂行办法	2005-03-02		中小企业促进法	科技部、财政部
13		农业科技开发	农业科技开发工作管理办法	1992-06-20			农业部
14		金融支持	国家开发银行高新技术领域软贷款实施细则	2006-11-24			国家开发银行

续表

序号	领域	次领域	规章名称	发布日期	修订日期	上位法依据	发布机构
15	科技奖励	省、部级奖励	省、部级科学技术奖励管理办法	1999-12-26		国家科学技术奖励条例	科技部
16		国家奖励	国家科学技术奖励条例实施细则	1999-12-24	2004-12-27 2008-12-23	国家科学技术奖励条例	科技部
17		社会力量奖励	社会力量设立科学技术奖管理办法	1999-12-26	2006-02-05	国家科学技术奖励条例	科技部
18			关于受理香港澳门特别行政区推荐国家科学技术奖的规定	2003-01-16		国家科学技术奖励条例	科技部
19	科技安全	人类遗传资源安全	人类遗传资源管理暂行办法	1998-06-10			科技部、卫生部
20		生物安全	高等级病原微生物实验室建设审查办法	2011-06-24		病原微生物实验室生物安全管理条例	科技部
21			实验动物许可证管理办法（试行）	2001-12-05			科技部
22			基因工程安全管理办法	1993-12-24			原国家科委
23			农业转基因生物进口安全管理办法	2002-01-05	2004-07-01	农业转基因生物安全管理条例	农业部
24		信息安全	计算机病毒防治管理办法	2000-04-26		计算机信息系统安全保护条例	公安部
25			计算机信息系统安全专用产品检测和销售许可证管理办法	1997-12-12		中华人民共和国计算机信息系统安全保护条例	公安部
26	企业技术进步	企业组织	利用外资改组国有企业暂行规定	2002-11-08		公司法、合同法	原经贸委、财政部、工商总局、外汇管理局
27			个人独资企业登记管理办法	2000-01-13		个人独资企业法	国家工商总局
28		企业技术中心管理	国家认定企业技术中心管理办法	2007-05-20		科学技术进步法	发改委、财政部、海关总署、国家税务总局
29		高新企业认定	高新技术企业认定管理办法	2008-04-14		企业所得税法、企业所得税法实施条例	科技部、财政部、国家税务总局
30		创业投资企业管理	外商投资创业投资企业管理规定	2002-10-31		中外合作经营企业法、中外合资经营企业法、外资企业法、公司法	原对外贸部、科技部、工商管理总局、税务总局、外汇管理局

续表

序号	领域	次领域	规章名称	发布日期	修订日期	上位法依据	发布机构
31	知识产权保护	专利权保护	专利行政执法办法	2001-12-17		专利法、专利法实施细则	国家知识产权局
32			集成电路布图设计行政执法办法	2001-11-28		集成电路布图设计保护条例	国家知识产权局
33			中医药专利管理办法（试行）	1995-09-05		专利法、专利法实施细则、企业专利工作办法	国家中医药管理局
34		著作权保护	著作权行政处罚实施办法	1997-01-28	2003-09-01 2009-05-07		国家版权局
35			计算机软件著作权登记办法	2002-02-20			国家知识产权局
			集成电路布图设计行政执法办法	2001-11-28		集成电路布图设计保护条例	国家知识产权局
36		知识产权海关保护	中华人民共和国海关关于《中华人民共和国知识产权海关保护条例》的实施办法	2004-05-25	2009-03-03	知识产权海关保护条例 海关法	海关总署
37		植物新品种保护	植物新品种保护条例实施细则	1999-06-16	2007-09-19 2011-12-31	植物新品种保护条例	农业部
38	科研机构管理	实验室管理	国家重点实验室建设与管理暂行办法	2002-04-15			科技部
39			中医药科研实验室管理办法	2005-12-28			国家中医药管理局
40	科技成果推广应用	粉煤层利用	粉煤灰综合利用管理办法	1994-01-03	2013-01-05	循环经济促进法、清洁生产促进法、固体废物污染环境防治法	发改委、科技部、工信部、财政部、国土资源部、环保部
41		建筑节能	民用建筑节能管理规定	2005-11-10		节约能源法、建筑法建设工程质量管理条例	原建设部
42	国际科技合作		关于参加国际科技组织的若干规定	1986-04-01			原国家科学技术委员会、外交部
43			关于中国实施《专利合作条约》的规定	1995-05-28			原国家专利局
44			关于我国加入《商标国际注册马德里协定的决定》	1989-05-25			

（二）国家科技立法的不足

我国科技立法的制定和实施，对我国科技事业的发展和创新型国家的建设作出了重要贡献，但由于立法起点较低，历史欠账较多，我国科技立法仍不健全，仍存在不少薄弱环节，导致我国科技创新无法完全适应经济和社会发展，在不少领域甚至滞后于经济社会发展，也致使我国经济模式仍然主要以外延式扩大再生产方式增长，效益低下。[1] 这些薄弱环节主要包括：

1. 从规范体系的构建来看，科技立法的系统性不强

第一，立法规划的科学性、合理性有待加强，划分不同立法的标准不够清晰和明确，如规范科技激励、交易和管理的不同立法之间界线不够清楚、明晰，不同立法周期的立法重点不够突出。[2]

第二，未明确《科技进步法》的基本法地位。《科技进步法》确立了科技活动的基本原则和基本制度，但其作为科技基本法的地位并未在立法和实践中加以明确，一些配套法律、法规，虽然根据科技进步法确定的基本原则与基本制度制定，但在立法中并没有明示《科技进步法》是其上位法；此外，基本法只有全国人民代表大会有权制定，但《科技进步法》仅由全国人大常委会制定，从立法机构来看，严格地说，《科技进步法》并不具备科技基本法的地位。[3] 由于基本法地位未予明确，《科技进步法》的作用难以得到充分发挥，其基本原则和制度难以有效统率和引领科技立法。

---

[1] 李莉："论我国科技创新法律体系的缺失和完善"，载《科技与法制》2007年第11期，第86页。

[2] 李宗辉："近现代中国科技立法的变迁"，载《科技与法律》2012年第6期，第73页。

[3] 张蕾："论我国科技进步法的定位与完善"，载《科技与法律》2006年第1期，第9页。

第三，一些领域的立法层级较低。尽管我国已基本形成科技立法体系，但在宏观调整和规范科技进步的《科技进步法》之外，法律层面的科技部门立法的数量仍十分有限，绝大部分立法以行政法规、部门规章甚至规范性文件形式出现，规范性和约束力较弱，保障手段不足。如，在科技研发领域，除了《科技进步法》的原则性规定之外，法律层面的立法仅有《循环经济促进法》的部分内容（《科技进步法》仅作了原则性规定），绝大部分该领域的内容均依托于大量的行政法规、部门规章甚至政策性文件来加以规范；再如，在科技安全、科技奖励、科研机构管理等领域，除了《科技进步法》有原则性规定之外，并无专门的法律规范，全由行政法规和部门规章调整。由于这些立法的层级较低，权威性和约束性不足，法律责任措施的力度有限。

第四，科技立法体系结构不够严谨。由于行政、立法体制上存在“条块分割”、“政出多门”的现象，导致科技立法体系中，法律之间、法律与法规、规章、规范性文件之间，缺乏统一性、配套性与协调性，重复立法、立法矛盾、衔接不畅等现象仍十分突出，各种立法实施效果大打折扣。[1][2]

第五，一些领域存在立法空白。在基础研究、高技术研究及高技术产业发展、科技风险投资、发展民营科技企业、国家科研机构体制与机制、科研投入等方面，仍存在法律、法规和规章均缺位的现象，无法可依的情况依然突出。[3]

这些立法空白的存在，客观上阻碍了科技的进步，如，在科技投入领域，由于缺乏相关立法，导致我国科技投入总量不足，占

---

[1] 马连芳：“关于进一步完善我国科技立法工作的思考”，载《中国科技论坛》2005年第6期，第85页。

[2] 李莉：“论我国科技创新法律体系的缺失和完善”，载《科技与法制》2007年第11期，第86页。

[3] 吴猛、刘慧：“关于完善我国科技立法的思考”，载《企业家天地》2008年10月下旬刊，第25页。

GDP 的比例过低，不适应社会经济发展对科技投入的需求，而且在投入体系，依然保留由国家财政投入的计划经济模式，对投入的使用监管也没有纳入规范。同时，民营的高技术企业，难以获得国家科技投入的资助，其研发与产业化困难重重。社会上的资金也由于缺乏相应的法律上的激励措施而极少投入到科技事业中。在科研机构管理领域，由于缺乏立法，公益性研究院（所）的主体法律地位尚未明确，管理和激励体制不清，极大地影响了科研人员的研发积极性，不利于发挥科研机构的作用。

2. 从立法内容来看，现行立法不够健全

首先，现行立法内容大多过于原则化，可操作性不强。以《科技进步法》为例，该法虽然确立了促进科技进步的基本制度，但大多比较笼统、原则性强，缺乏对应的、具体的实施规定，导致约束力和规范性缺失。如：未能明确国家、地方政府、企业在科技进步中各自的性质和地位；未明确规定上述主体在科技投入方面的义务；对于科技执法主体的规定也较为模糊，未明确究竟哪个国家机关为科技执法行政机关，在实践中极易产生混乱；在推进高技术研究发展方面，仅规定了宣示性条款，缺乏具体的推进制度与措施。[1]

其次，欠缺责任要件。责任要件（法律后果要件）是法律规范的必备要件，是法律被赋予强制力，并得以顺利实施的前提，若法律规范中缺乏责任要件，违法者对其违法行为将无须承担法律责任，无须付出违法成本，法律规范的强制力和权威性将荡然无存，这样的法律对于规范社会生活、引导社会行为没有实际意义。我国科技专门法律——《科技进步法》《促进科技成果转化法》《科学技术普及法》的大多数条文为倡导性、鼓励性条款，法律责任条款较少，从而导致这些法律天生具有软弱性，其权威性、科学性和

---

[1] 张蕾："论我国科技进步法的定位与完善"，载《科技与法律》2006 年第 1 期，第 9～10 页。

强制性大打折扣，对科技主体（如政府、企业、公民）的违法行为缺乏约束力，导致实践中这些法律难以执行到位，立法目的难以实现。❶

二、北京市科技立法概况与不足

（一）北京市科技立法历程

北京市科技立法的发展，经过了三个不同阶段：

1. 起步阶段（1979～1992年）

我国进入改革开放年代后，随着国家对科技进步的日益重视和法制建设的恢复与重建，在国家层面，出台了大量促进科学技术发展的法律法规。为增强国家层面立法的可操作性，结合地方科学技术发展的具体情况实施国家立法，各地萌生了制定地方科技立法的需求。1979年7月，全国人大常委会颁布了《地方各级人民代表大会和地方各级人民政府组织法》（以下简称《地方组织法》），赋予了省级人大制定地方性法规的权力，拉开了地方立法的序幕。1986年12月，全国人大常委会对该法进行了修订，赋予省级政府及国务院批准的较大的市的政府制定地方政府规章的权力，丰富了地方立法的层级，扩大了地方立法的权限。《地方组织法》的出台与修订，为地方科技立法奠定了制度基础。

在这一阶段，首都科技发展逐渐步入正轨，科技活动日益频繁与活跃，科技人才流动增多，科技与经济社会的结合越来越紧密，北京市科技立法被提上议程，先后出台了两部地方规章，即《北京市实施〈中华人民共和国强制检定的工作计量器具检定管理办法〉的若干规定》（1987年）《北京市科学技术进步奖励办法》

❶ 李莉："论我国科技创新法律体系的缺失和完善"，载《科技与法制》2007年第11期，第87页。

（1985 年颁布，1988 年修订，2002 年失效），但未出台科技法规。

由于科技活动尚处于恢复重建阶段，相关科技管理经验和立法经验均不成熟，科技立法尚处于起步和摸索阶段，总体而言较为薄弱。该阶段北京市地方科技立法的特点表现为：第一，数量少，层次单一，仅两部科技规章，无科技法规；第二，涉及科技领域单一，两部科技规章仅规范计量领域和科技奖励领域，其他的大量领域的立法则呈空白状态；第三，内容过于原则化，可操作性不强，如《北京市科学技术进步奖励办法》仅有 12 条，对科技奖励的推荐、评审程序的规定过于简单，缺乏可操作性，同时，缺乏相关法律责任的规定。

2. 全面构建阶段（1993～2010 年）

1993 年，我国颁布了具有科技基本法性质的《科技进步法》，对科技活动进行了全方位的调整，为制定地方科技法规和科技规章提供了基本依据。随后，1995 年，我国提出了科教兴国战略，确立科技和教育是兴国的手段和基础的方针。为落实上述法律和战略，北京市在总结改革开发以来科技管理经验的基础上，加快了科技立法的步伐，全面构建北京市科技法规和规章体系，北京市绝大部分的科技立法均为这一阶段出台，具体包括：

（1）科技地方法规。

1994 年：《北京市技术市场管理条例》（2002 年废止）《北京市产品质量监督管理条例》（1997 年、2010 年两次修订）；

1995 年：《北京经济技术开发区条例》《北京市专业技术人员继续教育规定》《北京市实施〈中华人民共和国农业技术推广法〉办法》；

1996 年：《北京市实验动物管理条例》（2004 年修订）；

1998 年：《北京市科学技术普及条例》；

2000 年：《中关村科技园区条例》（2010 年废止）；

2002 年：《北京市技术市场条例》；

2005 年：《北京市专利保护和促进条例》；

2007年:《北京市信息化促进条例》;

2010年:《中关村国家自主创新示范区条例》《北京市农业机械化促进条例》。

(2)科技地方规章。

1998年:《北京市人民政府关于实施〈北京经济技术开发区条例〉办法》(2006年修订);

2001年:《北京市奥林匹克知识产权保护规定》;

2002年:《北京市科学技术奖励办法》(2007年、2010年两次修订);

2006年:《北京市节能监察办法》;

2007年:《北京市展会知识产权保护办法》。[1]

这一时期北京的科技立法，呈现出以下特点:

第一，立法触角较广，内容也较为全面。立法范围涵盖科技市场、科技人才、科技成果转化、科技安全、科技普及、科技园区、知识产权保护、信息化建设、科技奖励、产品技术等多类科技社会关系，涉及绝大多数科技领域，基本形成了科技地方立法的体系，尤其在科技活动实施、科技市场管理、科技园区建设与管理等领域，立法内容较为完整、全面，曾经是全国地方立法的“风向标”，如1994年颁布的《北京市技术市场管理条例》，使北京市技术交易活动从自发无序走向了规范化、法制化，有力地促进了北京市技术交易额的持续高速增长。但由于上位法《技术合同法》废止，《北京市技术市场管理条例》被废止，全国许多省市有关技术市场的立法也相继废止；而北京市结合自身实际，以新的上位法《合同法》技术合同部分为依据，在继承原条例中被实践证明行之有效的内容的基础上，于2002年创设性地制定了《北京市技术市场条例》，弥补了《技术合同法》废止后全国技术市场领域地方立法的空白，成为其他省市纷纷仿效的对象，极大地促进了本市技术

[1] 北京市科委:《北京市科技领域地方立法需要研究报告》，2012年，第3~4页。

市场和技术创新的跨越发展。在该条例的保障和推动下，经过十年的快速发展，北京技术合同成交额已占全国的40%，北京技术市场现已成为名副其实的全国技术交易中心。❶

第二，一些立法敢于大胆突破传统体制对科技创新的束缚，立法理念较为先进。如《中关村科技园区条例》有两大进步之处：一是首次提出“法无明文规定不为过”原则，即第7条第3款“组织和个人可以从事法律、法规和规章没有明文禁止的活动，但损害社会公共利益、扰乱社会经济秩序、违反社会公德的行为除外”，这一原则首次明文出现在我国科技立法中，体现了法治精神的进步，对解放中关村的智力资源具有重大意义。二是充分尊重市场经济体制。条例总则后的第二章标题是“市场主体与竞争秩序”，首先界定中关村的空间是个怎样的市场，市场主体有什么权利、义务，要遵循什么秩序等，此后六章内容，依次为“促进与保障”、“国际经济技术合作”、“政府行为规范”、“管理体制”、“法律责任”和“附则”，完全以市场经济条件下市场主体不同发展阶段作为线索，将涉及的主要问题以立法的形式规定下来，这在我国的立法中也是一个创新。❷《中关村国家自主创新示范区条例》在企业设立和社会组织登记、创新创业主体科技研发、聚集人才资源、深化科技金融体系建设、加强示范区土地利用和建设的统筹、加强政府服务创新创业的能力等六个方面均有较大的突破和创新，进一步释放了中关村示范区的创新活力，形成了创新驱动发展模式，推进了中关村示范区体制机制创新，加快了战略性新兴产业发展，催生了大量自主创新成果，为将中关村示范区建设成为具有全球影响力的科技创新中心，将北京市建成有世界影响力的科技文化

❶ 北京市科委：《北京市科技领域地方立法需要研究报告》，2012年，第9页。

❷ 史湘洲、赵哲伟：“《中关村科技园区条例》的创新意味着什么”，载《瞭望新闻周刊》2001年第12期，第41～42页。

创新之城奠定了基础。[1]《中关村国家自主创新示范区条例》呈现出的促进科技创新的理念，在全国处于领先地位。

总之，这一阶段我市的科技立法，极大地提升了我市科技领域的法制化建设的水平，促进了科技进步和科技创新的发展，推动了科学技术向生产力的转换。

3. 充实与完善阶段（2011 年至今）

自 2011 年以来，根据国家和北京市对地方立法工作的新任务和新要求，北京市立法部门一方面加快对现有科技法规和规章进行系统梳理和完善，使之与社会主义法律体系协调一致。另一方面加快制定科技管理和科技服务急需的法规和规章，填补立法空白。2011 年 6 月，市政府颁布了《中关村国家自主创新示范区企业自主登记办法》，该办法为企业登记行为大幅松绑，规定了较为宽松的企业登记条件，如：明确中国自然人可以作为中外合资企业和中外合作企业的股东；商业银行交存入资金凭证或者评估报告，可以作为验资证明；进行专项许可经营项目的企业可以进行筹建登记；分支机构可以进行隶属关系的变更登记；示范区内企业获得国家驰名商标或者本市著名商标的，可以向登记机关申请在企业名称中予以保护，另外，设立企业集团的登记条件比国家工商总局的规定宽松。该办法的出台，对于加快中关村国家自主创新示范区企业的培育与发展，加快科技体制机制改革，完善政府对科技创新的管理和服务职能，起到了重要的推进作用。随后，2011 年 7 月，市政府颁布了《北京市自然科学基金管理办法》，在总结自然科学基金管理 20 年经验的基础上，立足本市实际，分别从规划与组织、申请与评审、资助与实施、监督与管理等四个方面，规定北京市自然科学基金管理工作，对于规范北京市自然科学基金的使用与管理，提

[1] 郭涛："《中关村国家自主创新示范区条例》六大创新突破"，载《中国高新技术产业导报》2011 年 1 月 17 日，http：//news. cnfol. com/110118/101，1587，9181287，00. shtml，访问时间：2013 年 7 月 8 日。

高自然科学基金使用效益，培养科学技术人才，增强自主创新能力，均将发挥积极的促进作用。

目前，北京市正在积极开展《北京市科技成果转化促进条例》《北京市科技创新促进条例》等科技立法的前期调研工作。

这一阶段的北京市科技立法的特点为：

首先，注重科技创新、科技体制改革中重点、难点领域的立法突破，进一步突出企业创新主体地位，改变政府职能，矫正科技评价导向，使之更具有合理性，增强自主创新能力。

其次，逐渐重视立法的系统性、科学性与可操作性，已着手梳理现有立法体系，制定和整理立法规划，填补立法漏洞，切合时代变化，追求精细化和特色化，强化立法质量。

（二）北京市现行科技立法分布表

表4　北京市现行科技地方法规分布表

序号	领域	法规名称	颁布日期	修订日期	上位法依据
1	科技人才	北京市专业技术人员继续教育规定	1995－06－08	2001－05－18	
2	科技园（区）管理	北京经济技术开发区条例	1995－04－14		
3		中关村国家自主创新示范区条例	2010－12－23		
4	知识产权保护	北京市专利保护和促进条例	2005－05－20	2013－09－27	专利法、专利法实施细则
5	信息化管理	北京市信息化促进条例	2007－09－14		
6	科技普及	北京市科学技术普及条例	1998－11－05		
7	科技市场	北京市技术市场条例	2002－07－18		产品质量法
8	科技成果应用	北京市实施《农业技术推广法》办法	1995－06－08		农业技术推广法
9		北京市农业机械化促进条例	2010－12－23		农业机械化促进法
10		北京市产品质量监督管理条例	1994－07－22	1997－09－07 2010－12－23	
11	科技安全	北京市实验动物管理条例	1996－10－17	2004－12－02	

表5　北京市现行科技地方规章分布表

序号	领域	规章名称	颁布日期	修订日期	上位法依据
1	科技奖励	北京市科学技术奖励办法	2002-04-11	2007-03-07 2010-08-13	国家科学技术奖励条例
2		北京市自然科学基金管理办法	2011-07-07		科学技术进步法
3	科技园（区）开发	北京市政府关于实施《北京经济技术开发区条例》办法	1998-04-29	2006-12-05	北京经济技术开发区条例
4		中关村国家自主创新示范区企业自主登记办法	2011-06-24		中关村国家自主创新示范区条例
5	知识产权保护	北京市奥林匹克知识产权保护规定	2001-10-11		
6		北京市展会知识产权保护办法	2007-11-24		
7		北京市发明专利奖励办法	2007-05-14		北京市专利保护和促进条例
8	科技标准	北京市实施《中华人民共和国强制检定的工作计量器具检定管理办法》的若干规定	1987-11-07		中华人民共和国强制检定的工作计量器具检定管理办法
9	科技成果应用	北京市节能监察办法	2006-06-06		北京市实施《节约能源法》办法、可再生资源法

（三）北京市科技立法的不足

1. 立法缺乏整体规划，科学性和系统性不足

这主要表现在两方面：首先，对立法项目、种类、内容及实施效益等没有进行科学的预测、论证与规划，立法体系、制度框架存在漏洞，相比于大量的科技事务和科技领域，法规规章数量偏少，科技立法缺口较多，具体而言，在地方科技基本领域及创新能力建设、科技活动实施（含促进科技成果应转化、研发计划的执行、特定领域的研发和限制）、科技政策制定、科技资源分配、研发能

力建设等领域，存在无法可依的问题，众多科技社会关系只能依赖政策性文件调整，而这些政策性文件缺乏必要的稳定性和强制性，在实践中随意性比较大。其次，由于缺乏整体设计、周密计划和严密部署，科技立法还存在法规和规章之间的衔接性、系统性不强，配合性欠缺等弊端。科技立法仍处于零星立法的阶段，出现了“特别法”先行而“基本法”滞后现象，如本应作为地方科技基本法、与《中华人民共和国科学技术进步法》相应的地方科技基本法迟迟没有出台，而本应与之相配套的法规规章却相继出台。由于没有北京市科技基本法的统率，难免会导致各法规、规章之间可能存在立法冲突的问题。[1]

2. 科技领域立法空白点较多

（1）缺少科学技术基本方针制度的立法。北京市现有的地方科技立法项目中，缺少北京市科技进步的基础性法规——《北京市科技创新促进条例》，缺乏对北京市科技发展的重点领域、基本原则和基本制度的规定，导致科技立法领域“群龙无首”，科技立法零散、不统一。

（2）缺少各项科技活动实施方面的立法。科技成果的实施，包括促进科技成果应用、转化和产业化、各项研究和开发计划的执行、特定领域的研究、开发和限制等三个领域。对于以上科技活动，北京市迄今没有相应的立法，尤其是在我国日益重视科技创新、重视科技对经济社会发展的引领支撑作用的背景下，通过创设法律制度规范和促进北京市科技成果转化和产业化的紧迫性愈加突出。

（3）研发能力建设和人力资源发展方面的立法不充分。目前，北京市在增强企业创新能力建设方面只有市政府于2002年颁布的一个规范性文件，即《北京市鼓励在京设立科技研究开发机构的规定》，还未有相应立法；而在人力资源发展这一领域北京市仅出

[1] 北京市科委：《北京市科技领域地方立法需要研究报告》，2012年，第10～11页。

台了《北京市专业技术人员继续教育规定》，在实践中难以满足需要。

（4）科技服务和基础条件建设方面立法不够充分。北京市在此领域先后出台了《北京市经济技术开发区条例》《北京市实验动物管理条例》等。但还有许多科技服务和基础条件建设方面的立法需要大力完善。例如，在利用财政大型科学仪器的购买领域，随着北京市科技基础建设的需求增大，科技财政性资金投入大量浪费在大型科学仪器设备的重复购置上面，但北京市尚未在此领域制定相应的立法，目前，仅依靠政策性文件规定，缺乏稳定性和约束性，难以从源头上控制大型科学仪器设备的重复购置，无法提高北京市财政科教经费的使用效益。

（5）缺少科技政策和科技资源分配有关方面的立法。在这一领域，缺少有技术创新、科技政策评估、科技发展规划等方面的地方立法，这种缺失使得北京市的企业确立技术创新主体地位、企业提升核心创新能力、促进科技政策的准确定位等方面缺乏法律手段的保护，不利于北京市科技进步发展。[1]

3. 立法理念存在偏差

如在人力资源发展方面，《北京市专业技术人员继续教育规定》未能充分体现“以科技人员为本”的原则，未能把推进“以人为本”、推进年科技人员全面发展作为重要目标，重视事的发展而不重视人的发展，对继续教育中的专业技术人员的具体权益、政府的公共服务职能、施教机构的条件等缺乏相应的规定，对监督管理及法律责任的规定过于简略，无法保证各类人才结合本职工作不断学习新知识，改善知识结构，提高创新能力和专业技术水平，难以充分发挥科技人才资源的积极性和创造性。

4. 规定过于原则化，可操作性不强

地方立法应具备实效性和可执行性，但北京市地方科技法规和

---

[1] 北京市科委：《北京市科技领域地方立法需要研究报告》，2012年，第11～15页。

规章的部分内容规定的较原则化和宽泛，实际可操作性不强。如《北京市科学技术奖励办法》仅27个条文，对评审组织、申报与推荐程序、评审标准、评审与授奖程序均只作了原则性规定。如第6条规定："市人民政府设立北京市科学技术奖励评审委员会（以下简称评审委员会）。评审委员会下设若干专业评审委员会，依照本办法的规定，负责市科学技术奖的评审工作。评审委员会由政府相关部门主管科技工作的负责人和行业领域专家组成，其中行业领域专家比例不少于50%。评审委员会组成人员的人选，由市科学技术行政部门提出，报市人民政府批准，任期三年。各专业评审委员会由相关专业领域的专家组成，各专业评审委员会的人选由市科学技术行政部门确定。"在该条中，未能明确评审委员会和专业评审委员会的具体职责、遴选规则、评审专家的法律责任、专业评审委员会的评审程序等问题。又如，第8条规定了8项科技技术进步奖的奖励范围，但对这些范围中的"科学技术基础性工作"、"基础研究成果"、"研究成果"、"对提高公众的科学文化素养具有明显成效的科普作品"等概念缺乏明确的解释。再如，该办法未规定科学技术奖的评审标准，14条规定将评奖标准和评价指标授权给科技行政部门制定。上述问题的存在，使该办法缺乏操作性，实际评奖工作主要依赖北京市科委制定的配套政策性文件《北京市科学技术奖励办法实施细则》。

5. 立法内容滞后，部分立法内容较为陈旧，不适应科技创新和经济社会发展的要求

这表现为：一是现行法规规章制定（修订）时间距今过长。根据表4，北京市现行科技法规有11部，其中，制定（修订）时间距今超过15年（1998年5月31日之前制定）的有2部，分别为《北京经济技术开发区条例》（1995年4月）和《北京市实施〈农业技术推广法〉办法》（1995年6月），占科技法规的比例为18%；制定（修订）时间距今为10～15年（1998年6月1日～2003年5月31日制定）的有2部，为《北京市专业技术人员继续

教育规定》（1996年6月制定，2001年5月修订）《北京市科学技术普及条例》（1998年11月），占北京市科技法规的比例为18%。以上两项合计，制定时间距今超过10年的科技法规有4部，占本市科技法规的36%。（统计方式为：凡修订过的，以修订时间为准；未修订过的，以制定时间为准）值得注意的是，上述科技法规中，仅有一部经过修订，其余三部自制定之日起均未经修订。

根据表5，北京市现行的科技规章有9部，其中，制定（修订）时间距今超过25年（1988年5月31日之前制定）的有1部，为《北京市实施〈中华人民共和国强制检定的工作计量器具检定管理办法〉的若干规定》（1987年11月），占本市科技规章的11%，制定时间距今为10~15年（1998年6月1日至2003年5月31日）的有1部，《北京市奥林匹克知识产权保护规定》（2001年10月），占本市科技规章的11%，以上两项合计，制定时间距今超过10年的科技法规为2部，占北京市科技规章的22%。

二是客观情况发生了较大变化，立法未能跟进。近年来，北京市"科技北京"建设取得了显著成效，高科技产业、科技服务业增长迅速，科技体制改革向深水区迈进，技术市场健康发展，科技人员素质不断提高，科普工作推广顺利，科技创新活力显著增强。总之，科技发展环境已发生了深刻的变化。与此同时，北京市出台了一系列促进科技发展的政策文件，如《北京市中长期科学和技术发展规划纲要（2008~2020）》《科技北京行动计划》《北京市"十二五"时期科技北京发展建设发挥规划》等，提出了科技创新的战略目标和发展策略。上述立法时间久远的科技法规、规章在内容上已经难以完全适应新的形势、任务的需要。以《北京市科学技术普及条例》为例，该《条例》是1998年11月通过的，其中对自然科学相关内容的规定较为详尽，但是缺乏社会科学和科普能力建设相关内容，对政府科普职责、保障措施的规定过于简略，已滞后于经济社会的发展，不利于科学知识的全面推广和科学思想、科学精神、科学方法的弘扬。再以《北京市专利保护和促进条例》

为例，随着“科技北京”战略的提出及《北京市“十二五”规划纲要》对科技创新提出的新要求，该条例已无法完全适应本市科技创新和经济社会发展对专利工作的需求，难以彻底解决当前专利事业发展中面临的新问题，如缺乏对本市专利工作的总体目标的规定，对政府责任的规定不够明晰，欠缺专利预警制度、发展专利服务业制度、防止专利权滥用制度，对专利的保护力度不够。

三是部分立法的上位法已经修改或新出台，但北京市地方立法尚未作相应的修改。如《北京市专利保护和促进条例》为2005年5月颁布，其上位法为《专利法》和国务院《专利法实施细则》。根据党的十六届五中全会提出的“增强自主创新能力，建设创新型国家”的战略任务，上述两部上位法均已修订。其中，《专利法》于2008年12月作第3次修正，国务院《专利法实施细则》则于2010年1月作了第2次修正，但《北京市专利保护和促进条例》未能及时修订，导致其一些内容无法与上位法保持一致，不利于对专利的保护与促进。

又如：1993年7月制定的《农业技术推广法》已于2012年8月31日修订，作为该法实施性立法的地方科技法规《北京市实施〈农业技术推广法〉办法》为1995年6月制定，尚未及时依据上位法作相应的修订，与上位法存在冲突。再如：《北京市科学技术普及条例》于1998年11月5日制定，于1999年1月1日实施，而中央立法《科学技术普及法》于2002年6月29日制定，自当日起开始实施，前者的出台时间比后者早三年多，实施时间也早两年半，二者之间也存在矛盾之处。

三、北京市科技立法需求调研分析

2013年4月，课题组先后对北京市科委法规处和中关村管委会进行了科技立法需求的调研。市科委法规处李萍和中关村管委会研究室（法制处）处长蒋海军向课题组详细介绍了北京市科技立法的需求情况。

（一）调研概况

1. 在市科委调研的情况

据市科委介绍，目前，北京市地方科技立法体系中，有8个地方性法规，6个政府规章，200多项政策性文件（核心60多项）。地方性法规包括《北京市技术市场条例》《北京市实验动物管理条例》《北京经济技术开发区条例》《中关村国家自主示范区条例》《北京市专利保护和促进条例》《北京市信息化促进条例》《北京市农业机械化促进条例》《北京市实施〈中华人民共和国农业推广法〉的办法》。贯彻国家大法相配套的政府规章包括：《科学技术奖励办法》《奥林匹克知识产权保护规定》《北京市展会知识产权保护办法》《经济技术开发区条例实施办法》《北京市自然科学基金管理办法》《中关村国家自主创新示范区企业自主登记办法》。上述立法中，既有纯科技领域的，也有社会管理领域的，其中，《北京市技术市场条例》《中关村国家自主示范区条例》《北京市自然科学基金管理办法》《中关村国家自主创新示范区企业自主登记办法》等均具有一定的先行性，在全国地方科技立法中起风向标的作用。国家层面也有国务院的《自然基金管理条例》。

但和别的领域不一样，在北京市科技领域，特别实在、特别好的规范都是在政府规范性文件层面上规定的，换言之，含金量最大、最有用的规范依然是相关委办局、市政府办公厅、市政府出台的大量规范性文件，也即“红头文件”，许多科技创新的问题在政府规范性文件层面得以解决的，比如高新技术企业的认定，依据的是科技部、财政部一起联合出台的规范性文件，以及在地方层面上相配套的市科委、财政局、国税、地税出台的规范性文件。

就立法需求而言，北京市科委认为目前迫切两方面的立法，一是需要明确政府责任的立法，从而为科技创新创造良好的法制环境，希望课题组能反映这一需求。科委对科技创新责无旁贷，但科技创新不是科委一家能完成的，研究和开发是科技部门牵头，科技运用科委起重要推动作用，但在创新成果的使用、推广、更大范围的消费问题上，在科技创新的监督问题上，科委往往独木难支，这就需要医疗卫生、食品健康、建设等部门的配合和联动。但政府在上述问题上存在失位和越位现象。

首先，在科技产品的推广、应用和消费问题上，政府的推动不够，存在失位现象。目前，科技创新产品在产业领域使用和更新得特别快，因为企业的自由度更大，只要效益好，企业便自发使用创新科技成果。但在政府管理、社会建设领域，科技成果使用不快，更新不快，力度不大，因为相关部门配合和联动不够，积极性不高。因此，迫切需要从立法中明确政府作为科技产品的消费者的责任，美国《武器装备采购法》《联邦财产和管理服务法》《联邦采购条例》对政府如何采购科技产品作了明确规定，对于政府引导和推动创新起到了积极的推动作用。而我国的《政府采购法》在科技产品的采购问题上全是原则性规定，立法的警示作用和威信受到影响。目前，北京市尚无专门规范政府采购的地方立法。（1999年曾制定《北京市政府采购办法》，该《办法》于2003年失效）所以，需要立法从政府采购的角度，具体规定政府的责任，如规定新技术产品的认定问题，新技术产品的优先采购问题等，促使政府把“消费者”的角色做好，保证政府的职能与科技创新、与经济发展需求更好地结合，从而通过消费手段引导创新和服务创新，推动创新消费。

其次，在科技创新的监督问题上，政府行政审批范围过广，对企业科技创新管得过多、过死，存在越位现象，这种一刀切式的审批形式对企业产业链的保护非常不利，从科技创新的角度分析，政府的监督不能是僵化的，而应该是灵活、动态和全面的，应从需求的角度和企业发展的角度来评估和分析，从而做好监督工作。从根本上看，需要通过立法对政府的科技创新的监督权加以一定的限制，减少审批事项，从而释放科技创新企业的活力，促进科技创新的发展。

总之，科技创新需要政府的合力，政策的合力，需要消费和监督两者有效的配合，对科技产品的消费和对科技创新的监督这两个问题应该上升到立法层面来调整。

二是需要促进科技成果转化的立法，国家层面的《促进科技成果转化法》是1996年制定的，和立法时相比，现在的经济环境变化很大，国家已把科技创新提高到一个战略地位的高度，加之北京市在科技创新方面的先行先试，上述立法已难以适应我市科技成果转化和经济社会发展的需要。目前，许多兄弟省市均已制定本区域的促进科技成果转化条例，作为处于科技创新前沿的首都却迄今未能结合本市的科技创新实际，制定促进科技成果转化条例，确实难以令人满意。所以，应尽快启动《北京市促进科技成果转化条例》的立法步骤，将其列入立法调研项目，进行立项论证。

2. 在中关村管委会调研的情况

据中关村科技园区管理委员会介绍，2010年12月，北京市人大常委会通过了《中关村国家自主创新示范区条例》。几乎在同一时间，国务院原则同意在中关村实施“1+6”系列先行先试政策（“1”是指搭建一个首都创新资源平台，“6”是指支持中关村深化实施先行先试改革的6条政策，包括股权激励、税收优惠、中央级事业单位科技成果处置权和收益权改革，高新技术企业认定、科研经费管理改革和建设全国场外交易市场等），上述政策法规的出台，对于服务国家自主创新战略，推进体制改革与机制创新，实现建设深化改革先行区、开放创新引领区、高端要素聚合区、创新创业集聚地、战略性新兴产业策源地和具有全球影响力的科技创新中心的目标，起到了重要的推动作用，目前，上述政策法规均已落实，效果比较理想。但管委会也认为，目前，围绕科技创新仍有很多制约，这主要体现在创新环境的营造上，在推动科技创新的过程中，经常出现中关村管委员会提出相应的需求，但其他部门缺乏动力的情况，这在一定程度上束缚了科技创新的发展，因此，需要在立法中明确相关部门在科技创新中的地位和责任。

（二）对调研情况的总结与分析

通过对上述调研材料的总结和分析，我们可得出以下结论：

(1) 尽管近年来北京市的科技地方立法取得了较大进展，但地方科技法规和地方科技规章在科技创新实践中的规范作用仍不突出，科技领域的法治化程度仍不高。

大多数科技发展中遇到的问题不是依靠国家立法或地方立法调整，而是依赖于政策性文件加以解决，而政策性文件具有不确定性、多变性和制定机构的多头性等特点，不适应依法行政、建设法治政府的新要求，也不利于科技事业的长远发展，因此，北京市进行地方科技立法仍有着很大的空间。为适应依法行政、建设法治政府的新要求，应加强北京市地方科技立法工作，全面梳理科技行政管理职能和管理措施，研究建立规范科技行政管理行为的规则和程序，认真分析科技体制改革和科技事业发展中亟待解决的普遍性、共性问题，提出制度化的解决措施，积极争取将实践证明行之有效的科技政策和经验，及时上升为法律、法规或规章，做到立法进程与改革进程相适应，保障科技行政管理的制度化、规范化，对于被新制度取代的法规和规范性文件，要及时予以清理和废止。从而尽快形成北京市完善的科技立法体系，改变主要用“红头文件”实施科技管理的方式，使法律手段成为管理科技工作的主要方式，将科技工作全面纳入法治轨道。

(2) 科技创新的法治环境还有待构建，尤其是政府在科技创新中的责任问题需要明确。科技行政管理部门对于推动科技进步责无旁贷，也做出了许多努力，但光依靠科技部门的努力是远远不够的，需要不同政府部门的协同与配合，形成同一方向的合力。目前，在科技创新领域，相关部门配合和联动不够，积极性不高，在一定程度上掣肘了科技进步。因此，有必要尽快进行相关立法。首先，制定契合北京市科技发展水平、具有首都特色的《科技进步条例》《政府采购条例》及相关配套法规与规章，明确有关政府部门在新技术产品的推广、应用和消费中的角色定位与责任，对新技术产品的认定、新技术产品的优先采购等问题，以弥补现行立法的不足。其次，在未来的《科技进步条例》中，对政府在科技创新中的监督责任加以必要的规范，减少行政许可事项，确保监督的灵活性和动态性，充分释放科技创新企业的活力，促进科技创新的发展。

（3）科技成果转化立法的缺失是北京市科技立法的薄弱环节。1996 年国家出台《促进科技成果转化法》后，北京市却迟迟没有出台科技成果转化的地方性法规。目前，由于立法的缺位，导致科技成果转化和产业化的体制机制不尽完善，科技成果转化的主体地位不够明确，产学研合作的积极性不高，对科技成果转化和产业化投入不足，缺乏多种渠道的资金支持，政府各部门在科技成果转化和产业化的职责不清，促进科技成果转化的市场环境有待优化。总之，科技成果转化和产业化立法的长期缺位，已严重阻碍了北京市科技成果转化的推进。因此，制定《北京市科技成果转化条例》应尽早提上科技立法的议事议程。[1]

四、北京市科技立法的目标和任务

（一）北京市委、市政府对地方科技立法的要求

1.《关于增强自主创新能力建设创新型城市的意见》（2006 年，市委、市政府发布）

为实现建设创新型城市的主要目标，在制度建设方面须完成以下任务：第一，进一步深化科技管理体制改革。以解决首都经济社

[1] 涂平："北京科技成果转化的立法问题"，载《科技智囊》2011 年 2 月，第 81～83 页。

会发展重点难点问题的科技需求为导向，以服务国家创新战略为导向，调整科技管理模式和科技计划体系的重心，集成运用多种手段实施科技工作主题计划，推进创新目标的实现。健全科技决策机制，引导社会力量参与科技规划、战略研究和项目管理工作。按照公正、公开、公平和激励创新的原则，改革科技评审制度，项目评审要体现政府目标。完善科技成果评价和科技奖励办法，突出政府奖励的重点。推进社会公益类科研院所管理体制和运行机制改革，建立现代科研院所制度，明确功能定位和工作目标，完善分类管理制度，提高经费保障程度，达到与其承担科研和公益服务相适应水平。第二，完善知识产权制度。加强知识产权创造、保护、利用与管理，提高全社会知识产权意识，使知识产权成为推动科技创新的战略手段和制度保障。

2.《北京市中长期科学和技术发展规划纲要（2008～2020年）》（以下简称《纲要》，2008年由科委制定，市政府印发）

《纲要》提出将本市建成国际先进的创新型城市，实施首都创新战略，即以增强自主创新能力为核心，缔造以中关村为龙头的国家知识创新高地和技术创新源泉两个支点，努力在构建首都区域创新体系、转变经济发展方式、推动城乡社会和谐发展、深化科技管理体制改革四个方面取得新突破，在全国率先建成国际先进的创新型城市。《纲要》将科技管理体制改革取得突破作为具体目标之一，要求通过不断深化科技管理体制改革，形成一整套适应社会主义市场经济发展要求的新型科技管理体系，引导各类符合市场经济规律的创新理念和创新方法在全社会广泛应用，促进以企业为主体、市场为导向、产学研相结合的技术创新体系全面形成，带动首都区域创新体系按照市场经济发展要求不断完善，使市场在科技资源配置中的基础性作用得到充分发挥，深刻影响和加速推进全社会科技体制创新的进程。

为实现上述目标，《纲要》提出了具体的保障措施：推进地方科技创新立法工作对现行政策法规进行系统评估和评价，并根据发展需求进行适当的调整、修订和完善，为自主创新营造良好的法制与政策环境。

3.《北京市国民经济和社会发展第十二个五年规划纲要》(2011 年，市政府发布)

“十二五”时期是推动首都科学发展的关键时期。强化创新驱动，坚持高端引领、创新驱动、绿色发展，不断创新发展理念、发展模式，把推动发展的动力加快转移到更多依靠科技进步、劳动者素质提高和管理创新上来。加强创新能力建设，提升自主创新水平，增强经济长期竞争力。为此，应充分利用中关村国家自主创新示范区体制机制先行先试的政策优势，围绕人才、资本、技术等核心创新要素，着力完善各项制度和政策安排，强化激励引导，形成激励创新、服务创新的机制和良好环境。同时，应完善知识产权的激励和保护机制。实施知识产权战略，推动知识产权创造、管理、保护、应用相结合，使其成为企业提高成长性与竞争力、培育新业态与制定新标准的重要基础和手段。健全知识产权服务体系，促进知识产权有效转移和转化实施。激励高新技术企业申请专利、注册商标，支持企业和产业技术联盟构建专利池。实施标准化战略，搭建标准创新和检测认证公共服务平台，开展中关村国家自主创新示范区标准创新试点，推动标准创制和实施。

4.《北京市“十二五”时期科技北京发展建设规划》(2011 年，市政府发布)

必须牢牢把握科学发展这个主题，以促进自主创新和成果产业化为主线，以深化体制机制改革为动力，以统筹各类科技资源为抓手，以发挥高层次创新型人才作用为关键，着力服务和利用好中央科技资源，促进首都持续创新能力提升；着力培育战略性新兴产业，促进经济发展方式转变和产业结构升级；着力强化首都社会发展的科技支撑，促进科技成果惠及民生；着力推进中关村国家自主创新示范区建设，完善有利于自主创新的政策环境，使首都经济社会走上“创新驱动、内生增长”可持续发展的轨道，全面支撑

“人文北京”、“绿色北京”建设。加强科技立法调研，加快北京市科技创新促进条例、北京市科技成果转化和产业化促进条例等立法进程。建立和完善知识产权预警和风险防范机制。

5.《北京市“十二五”科学技术普及发展规划纲要》（以下简称《纲要》2011年，市政府发布）

坚持从建设“人文北京、科技北京、绿色北京”和中国特色世界城市的高度和标准出发，以支撑首都自主创新能力提升、服务经济发展方式转变为主线，以提升公众科学素质、推动科普惠及民生为落脚点，以提高科普能力建设、整合优化首都科普资源为抓手，着力推进《纲要》实施，做大做强一批科普品牌活动；着力打造高水平的科普载体，拓宽市民获取科普服务的途径和渠道；着力推动科普产业跨越式发展，提高科普产品的研发创作水平和供给能力；着力创新科普工作体制机制，广泛动员社会力量参与科普，强化科普资源开发共享；着力扩大国际交流合作，探索科普工作新模式，努力满足广大市民日益增长的科普需求，促进科普服务的普惠与公平，为建设国家创新中心和“繁荣、文明、和谐、宜居”的首善之区提供有力支撑。为此，要认真贯彻落实《科普法》和《北京市科学技术普及条例》，适时开展对《北京市科学技术普及条例》的执法调研和修订研究。

6.《北京市“十二五”时期知识产权（专利）事业发展规划》（2011年，市政府发布）

从建设中国特色世界城市的高度谋划布局，按照建设人文北京、科技北京、绿色北京的要求，以科学发展为主题，以加快转变经济发展方式为主线，全面实施首都知识产权战略，围绕中关村国家自主创新示范区、中央在京单位和中小企业三大板块，大力发展知识产权产业和知识产权服务业，不断提升知识产权创造、运用、保护和管理的综合能力与水平，充分发挥知识产权在加快转变经济发展方式、实现首都经济社会发展的重要作用，为北京率先形成创新驱动发展格局做出新贡献。为此，应进一步完善知识产权政策体系，深入开展《北京市专利保护和促进条例》修订工作。研究制定《北京市知识产权质押贷款质权处置周转金管理办法》，促进知识产权质押融资工作健康发展。研究制定《北京市财政资金支持项目专利管理办法》，促进财政资金支持项目的专利产出和利用。研究制定《中关村创意集市——知识产权银行实施办法》，通过社会环境的不断完善实现企业知识产权有效转移和转化实施。研究制定《北京市重大经济科技活动知识产权评议规范》，推动建立重大经济活动知识产权评议机制，防范和降低知识产权风险，避免知识产权流失。

7.《北京市“十二五”时期高技术产业发展规划》（2011 年，市政府发布）

以科学发展为主题，以加快转变经济发展方式为主线，牢牢把握可以大有作为的重要战略机遇期，服务于率先形成创新驱动发展格局的总体目标，坚持高端化、总部化、集约化、轻型化、低碳化的产业发展方向，充分发挥中关村国家自主创新示范区的引领示范作用，加快高技术服务业、战略性新兴产业等重点领域跨越发展，着力增强产业自主创新能力，着力强化产业集群发展，着力推进创新成果产业化，着力推动体制机制创新，提升北京高技术产业规模、质量与效益，增强“北京创造”、“北京服务”品牌影响力，形成首都经济发展方式转变的强力支撑，将北京建设成为我国高技术产业创新发展的重要引领区和全球高技术产业发展的重要策源地之一。为实现上述目标，必须创新产业扶持和引导模式，完善重大科技成果产业化和产业项目统筹工作联席会议制度，利用好市政府 500 亿元重大科技成果转化和产业项目统筹资金。探索农村集体建设用地租赁、入股、合作，设立产业发展基金等新型产业扶持模式。加大政府采购对自主创新产品、战略性新兴产业、高技术服务业的引导，五年采购总额超过 300 亿元。

8.《北京第十一次党代会报告》（2012 年，市委发布）

《报告》提出了建设中国特色世界城市的总体目标，包括城市功能持续优化、社会环境更加和谐、首都文化日益繁荣、改革开放不断突破、市民福祉明显改善。为实现上述目标，必须坚持首都经济发展方向，加快建立创新驱动的发展模式，进一步优化产业结构，保持经济持续平稳发展。着力提高自主创新能力。围绕建设国家创新中心，落实科技北京行动计划，深入推进中关村国家自主创新示范区建设，发挥中关村一区多园的创新引擎作用，全面提升自主创新能力。加大科技体制改革力度，推进知识产权、标准化和商标战略，大力优化创新创业环境，完善技术创新服务体系，成为有世界影响力的科技文化创新之城，在建设创新型国家战略中发挥支撑作用。

9.《关于深化科技体制改革加快首都创新体系建设的意见》（2012 年，市委、市政府发布）

以提高自主创新能力为核心，进一步深化科技体制改革，加快首都创新体系建设，充分发挥中关村国家自主创新示范区的龙头作用，在促进科技与经济社会发展紧密结合、强化企业技术创新主体地位、加强科技资源统筹融合、优化人才发展环境等方面实现新突破，为初步建成有世界影响力的科技文化创新之城和建设中国特色世界城市提供有力的体制和机制保障，为创新型国家建设作出新贡献。

（二）北京市科技立法的目标、理念和任务

根据上述市委、市政府对北京市科技立法的要求，我们认为，在“十二五”时期“科技北京”发展建设中，北京地方科技立法工作应围绕“一个目标、两个理念、六项任务”展开。

1. 一个目标

即从现在起，力争用 5 年左右的时间，建立上下联动、实用高效、程序简便、科学规范的科技立法机制；打造组织健全、素质过硬、作用明显、保障有力的科技立法工作队伍；形成结构合理、体系科学、内容完备、可操作性强、首都特色鲜明、充分适应北京科

技事业发展的地方科技法规、规章制度体系。

2. 两个理念

一是服务科技创新的理念。推进科技立法工作，必须树立和强化服务科技创新的意识和理念，科技立法的所有工作，从立法计划的拟定，到具体规则的确定，均应紧紧围绕保障和促进科技创新这一中心和大局，解放思想，改变观念，创新思路，通过加强立法，以创新、创业的需求为导向，培育创新主体，优化科技资源的分配，提高研发主体的创新能力，改变政府职能，促进科技成果的转化，营造有利于创新、创业的环境，为企业、科研机构扫除科技创新的障碍，为全市科技工作提供良好的制度保障。

二是以人为本的理念。以人为本，立法为民是科技立法的根本出发点和最终落脚点，是贯彻科学发展观的基本要求和具体体现，也是科技法制工作的基本价值取向。人才是科技创新的核心要素之一，“科技北京”发展建设规划的实施、创新型社会的形成、中国特色世界城市的建设，均离不开广大科技人员的智慧与努力，确立“人才为本、创新驱动”的发展模式关键在于人才。科技立法调整科技社会关系，“以人为本”应是原本之意，应充分体现“以科技人员为本”的原则，把科技人员的全面发展作为立法的重要原则，最大限度地发挥科技人才资源的作用。

3. 六项任务

（1）制定科技立法规划。

规划是行动的先导，应依据《北京市中长期科学和技术发展规划纲要（2008～2020 年）》和“科技北京”、“世界城市”的发展目标，深入开展调查研究，全面查找科技工作中的立法空白点，制度互相冲突的矛盾点，实践中重点、难点问题的关键点，按照统筹兼顾、重点突出、衔接配套的原则，对北京市地方科技立法进行整体规划，对立法的项目、种类、内容、步骤及实施效益等进行科学的预测与论证，从整体设计和大系统考虑规划科技立法，确立北京市科技立法的总体框架，提高科技立法的主动性、预见性和科学性，积极营造有利于科学技术发展的法治环境和政策环境。

（2）完善科技法规规章体系。

北京市科技立法必须围绕现有立法体系存在的缺失，按照科技创新实践的需要和科技立法规划，拾遗补缺，有针对性、系统地完善科技法规规章体系。

①制定全面规范北京市科学技术活动开展的科技基本法——《北京市科技创新促进条例》，系统规定北京市科技发展的重点领域、基本原则、基本制度（含科技管理体制及科学研究与技术开发体制；国家机关、企事业单位、公民从事科技创新活动的基本权利；科技奖励制度；国际科技交流与合作制度；科技领域纠纷处理原则和程序；违反国家科技法律和地方科技法规的责任等），以全面统率和规范本市科学技术活动领域的立法活动，在此基础上，进一步构建北京市的科技立法体系框架。

②在存在立法空白的重要领域进行单项科技立法，应根据北京市科技创新的现状及需要，在目前存在立法空白的领域，如科技活动实施（含促进科技成果转化、研发计划的执行、特定领域的研发和限制）、科技政策制定、科技资源分配、科技成果转化与产业化、研发能力建设等方面制定相应的地方性法规和规章，以弥补北京市单项科技立法的空白，形成健全、完善的单项地方科技立法体系。

③完成立法修订、清理工作。由于科技创新和经济社会的快速发展和上位法变动等原因，经过一段时间的实施后，地方科技法规和科技规章的社会基础可能发生变化甚至丧失，如果修改和废除不够及时，就会导致部分地方科技法规和规章与经济社会发展脱节，影响这些法规和规章的实施效果，最终损害地方立法的权威。因此，应完善法规、规章实施准备和后评估制度，根据上位法或本地科技创新及经济社会发展的需要，及时对现行科技法规和科技规章进行全面梳理，对法规和规章中存在的问题，该修订的修订，该废除的废除，实现清理工作的常态化。要把清理工作和立法规划计划

紧密衔接起来，减少清理工作的随意性，使清理工作具有稳定性和持续性。就目前而言，迫切需要对《北京市科学技术普及条例》《北京市实验动物管理条例》《北京经济技术开发区条例》《北京市实施〈农业技术推广法〉办法》和《北京市专业技术人员继续教育规定》进行修订。

④强化立法的整体性和系统性。在整体设计、周密计划和严密部署的基础上，调整和解决现有立法体系中重复立法、立法矛盾、衔接不畅的现象，保证立法的统一性、整体性与系统性，注重地方科技立法与上位法之间、科技专门立法与财政、税收、农业、医疗、质检等领域的科技配套立法之间、科技地方法规和科技地方规章之间的一致性和协调性，完善它们之间的衔接与配合。

(3) 深入开展调研，确保科技立法体现首都特色。

北京市作为首都，拥有雄厚的科技创新资源和较强的科技创新能力，在推动科学发展、加快转变经济发展方式中具有一定的优势。近年来，北京市重点围绕“科技北京”发展战略、“中关村国家自主创新示范区”建设，着眼经济社会的发展需求、强化科技的支撑引领作用，着眼创新资源的整合利用、强化央地工作对接，着眼创新活力的激发增强、强化创新体系建设，着眼政策的先行先试、强化体制机制创新。在实践中，充分发挥中关村创新平台的资源整合和服务功能，进一步完善跨层级、跨部门的协同创新工作机制。深化股权激励、科技金融改革创新、高新技术企业认定、科技成果处置权和收益权、科研项目和经费管理等先行先试政策试点工作。争取开展高等学校和科研院所科技成果投资入股、文化科技融合企业认定等改革试点，扩大技术转让和创业投资机构税收优惠支持范围，进一步丰富先行先试的政策体系。形成了一整套在科技实践中行之有效的政策与做法。

首都科技立法，要始终围绕北京市科技和社会经济发展的特点，以科技北京的实践为基础，及时总结、归纳北京市在科技实践中创造出来的、行之有效的新举措、新思路、新成果，并通过立法固化下来，使之制度化，突出体现首都科技创新的特色和建设世界城市的要求，增强立法的针对性和实效性。为此，有必要大力加强调研，准确把握首都科技事业各个业务领域的特点，全面摸清底数、研究矛盾、理清问题、总结经验，为科技立法打好基础。

4. 重视科技立法的先行性和前瞻性，推动制度创新

目前，北京市科技体制机制改革取得了重大突破，创新能力建设在全国均处于领先地位，也正因为这种先行性和突破性，北京市科技创新遇到的新情况、新问题也比较多，而科技立法的先行性、前瞻性、创新性存在缺失，很多领域无法可依，立法对科技改革和创新的支撑力度不够，在一定程度上束缚了科技创新的发展。当前，北京市进入了建设中国特色世界城市的关键时期。深化科技体制改革、加快首都创新体系建设，是北京市建设国家创新中心、掌握经济科技竞争制高点和产业发展主动权的迫切需要，是加快经济发展方式转变和经济结构调整的战略举措，是推动首都科学发展、建设中国特色世界城市的重要动力。

面对新的历史机遇，科技立法必须秉承“敢闯、敢试”精神，立足于国家创新战略，进一步深化对首都工作特点和规律的认识，充分发挥首都优势，加强顶层设计，先行先试，注重立法的前瞻性与先行性，实现重点突破，推动制度创新，率先形成科技创新、文化创新“双轮驱动”的发展格局和城乡经济社会发展一体化新格局，以立法促改革、促创新，推动经济社会持续平稳发展，实现服务国家战略和首都科学发展的有机统一，为国家立法摸索道路、积累经验。

5. 坚持科学、民主立法，构建各方联动，创制科技立法的新格局

（1）确立科学立法的程序。科技立法机构应编制科技立法年度工作计划，严格遵守法定立法权限和程序。落实市政府相关工作要求，完善社会公众尤其是广大科技工作者参与科技立法的制度和机制，推动实现开门立法。科技立法建设，往往涉及广大科研人

员、科技企业创业者及社会公众利益，社会影响面大，群众关注度高。要进一步完善推进科技立法的工作方法，做到开门立法，不能闭门造车，采取多种形式广泛听取意见。一方面，要进一步健全专家咨询论证制度，发挥专家在立法工作中的作用，提高科技立法的专业化、规范化程度。另一方面，也要努力问计于民，完善社会公众尤其是广大科技工作者参与科技立法的制度和机制，问智于民，扩大广大科研人员和社会公众参与程度，切实保障群众的知情权、参与权，同时，要充分借重北京市人大代表、政协委员以及各类新闻媒体的优势，传递社会各界声音，加速立法进程。

（2）抓好立法沟通协调。科技立法属于社会立法，不仅涉及科研部门和科研人员，而且涉及财政、税务、农业、质检、医疗等众多部门，各部门对立法的必要性、迫切性和具体制度设计的认识也不可能完全一致。为使立法过程少走弯路，要高度重视立法沟通协调，将工作做在前面，在立法的必要性、体例的合理性、内容的合法性、规定的可行性、技术的规范性等多个方面均与有关部门保持沟通，充分征求有关部门的意见，取得其支持。涉及重大问题的，要及时报市政府决定。

6. 充分借鉴兄弟省、市、自治区的科技立法经验，推动北京市科技立法的发展

尽管兄弟省、市、自治区的地方科技立法起步比较晚，但近年来，随着当地省市科技创新的快速发展，各地对地方科技立法的重视程度显著提高，在立法的质量和数量方面均有较大的提升。2007年《科技进步法》出台后，各省市纷纷出台与之配套的地方性法规与规章，如上海、大连、武汉、浙江、安徽、河北、湖北、贵州、云南、沈阳等省市修订了科技进步条例，宁夏制定了《宁夏回族自治区实施〈中华人民共和国科学技术进步法〉办法》，广东、珠海、宁波、贵阳、福州、青岛等省市制定了科技创新促进条例，确立了本地域的科技基本法，在这些地方立法中，有不少制度的突破与创新，具体包括：

（1）进一步明确政府推进科技进步的职责。多个地方条例规定各级人民政府应当采取多种措施促进科技进步与创新，定期向本级人大常委会报告科技发展情况，将高新技术产业发展、科技重点基础设施、重大科技工程等建设纳入国民经济和社会发展规划、城乡总体规划、土地利用总规划和公共投资计划等。为加强对各级政府履行促进科技进步职责的监督，多个地方条例中提出要实行科技进步目标管理责任制，建立科技进步监督考核机制，考核结果作为对有关负责人实行奖惩和任免职务的重要依据。

（2）加大财政科技投入力度。青岛、宁波等地的地方条例均明确了财政科技投入的增幅高于财政经常收入增幅的具体比例。宁波规定财政科技资金投入的增幅应高于同级财政收入增幅的 3 个百分点以上。浙江等省市条例对财政科技支出占本级财政支出的比例作出了具体规定。浙江省条例规定，到2015 年，省、市、县（市、区）财政科技经费占本级财政经常性支出的比例应当分别达到 8%、4.2% 和 3.2% 以上。《广东省自主创新促进条例》规定，利用财政性资金设立的项目，人力资源成本费最高可以占项目经费的 30%，软科学项目和软件开发类项目可以占 50%。

（3）支持企业技术进步和产学研结合。《重庆科技创新促进条例》规定，与产业发展相关的财政性科技计划项目，应当由企业组织实施或企业牵头、产学研联合实施；高新技术企业和国家级创新型企业，从认定次年起，由市、区县（自治县）财政连续三年按其企业所得税地方留成部分的 50% 计算给予奖励，用于科学研究和技术开发活动。列入国家级、市级新产品项目计划的新产品，经鉴定投产后，按现行财政体制，由市、区县（自治县）财政按国家级新产品三年、市级新产品两年新增增值税地方留成部分的 60% 计算给予奖励，用于科学研究和技术开发活动。

（4）促进科技成果转化。《广东省自主创新促进条例》规定，财政性资金资助的自主创新项目立项时，应当约定项目的知识产权目标和实施转化期限。项目承担者应当在项目验收后 3 个月内向省科技部门报送成果信息及其技术转移情况，并向社会公开；上述成果在约定的实施转化期限届满之日起两年内没有实施转化的，省人民政府为了国家安全、国家利益和重大社会公共利益的需要，可以无偿实施，也可以许可他人有偿实施或无偿实施。《浙江省科学技术进步条例》规定，对到基层和企业兼职、挂职的科技人员的科技项目予以优先安排。

（5）加强科技资源的整合与共享。《广东省自主创新促进条例》规定，本省已有大型科学仪器设施的共享服务能够满足相关科学研究和技术开发活动需要的，主管部门不再批准利用财政性资金新购、新建大型科学仪器设施。省市人民政府应当建立研发公共服务平台，促进科技资源的整合和利用。省市科技行政部门应当会同有关部门建立科技资源信息系统，及时向社会公布科技资源的分布、使用情况。申请财政资金或国有资本新购、新建大型科学仪器设施，应当在申请报告中承诺提供共享服务。广东、上海等地规定，利用财政性资金购置、建设的大型科学仪器设施，应当在完成安装、调试验收后，及时将仪器设施的有关信息的共享制度等报告有关部门，并向社会公开。[1]

与此同时，兄弟省市和自治区还加强了单项科技法规制度建设，如新疆修订了《新疆维吾尔自治区科学技术普及条例》，制定了《新疆维吾尔自治区实验动物条例》。上海制定了《上海市新购大型科学仪器设施联合评议实施办法》《上海市新购大型科学仪器设施共享服务评估与奖励暂行办法》。

上述兄弟省市和自治区的科技立法具有许多先进的立法理念和制度，在明确政府职责、促进科技成果转化、推动科技资源共享等方面已领先于北京市科技立法，北京市科技立法过程中应该充分吸取和借鉴兄弟省市和自治区成熟的立法经验，尤其是与北京市经济

[1] 科技部：“中国科学技术发展报告”，载科技部网站，http：//www. most. gov. cn/kjfz/kjxz/，访问时间：2013 年 7 月 20 日。

发展、科技环境、资源分配等方面有相似省市的立法经验，探寻北京市与这些省市和自治区在科技立法工作中存在的共同点以及差异，确立与北京市科技资源、科技创新现状及发展相契合的立法模式，进一步提升北京市科技立法的质量。

五、对北京市未来科技立法项目的建议

（一）地方科技法规立法项目

1. 《北京市科技创新促进条例》

（1）立法理由。

①我国科技基本法——《科学技术进步法》于1993年制定，2007年修订，对我国科技活动进行全方位的调整，为制定地方科技法规和科技规章提供了基本依据。但如本章在第一大点所述，该法内容大多比较笼统、原则化，缺乏对应的、具体的实施规定，导致约束力和规范性缺失，实践中难以执行到位，立法目的亦难以实现。《科学技术进步法》的上述缺陷，要求各省级地方人大根据本行政区域的实际情况，在不与法律相抵触的原则下，制定适合本区域的操作性强的地方性基本科技进步法规。

②由于与《科学技术进步法》相应的地方科技基本法迟迟未能出台，北京市科技立法未能从本市科技创新的全局出发，对科技活动进行宏观的、全方位的调整，缺乏对北京市科技发展的重点领域、基本原则和基本制度的规定，而本应与之相配套的法规、规章却相继出台，出现了“特别法”先行而“基本法”滞后的现象。导致北京市在制定专项科技法规、规章及科技政策、措施过程中，缺乏具有统领性的立法依据，立法呈“群龙无首”、“各自为政”的状态，一些单项立法过多地从部门利益出发进行规范，对全市科技创新的宏观、全局考虑不足，科技立法仍处于零星立法的阶段，缺乏系统性和整体性，难免会导致各法规、规章之间存在立法冲

突。同时，由于缺乏地方科技基本法对北京市未来科技创新、科技进步工作的长远预见、规划和规制，北京市部门科技法规、规章和政策缺乏前瞻性和预见性，在部分法规、规章和政策的形成过程中，制定部门对短期目标着墨过多，对科技创新的长远发展则考虑不够充分。总之，由于《北京市科技创新促进条例》的缺位，北京市科技立法缺乏全面性和前瞻性，在一定程度上对北京市科技创新工作造成了消极的影响。

③外省市大都制定了本区域的地方科技基本法，目前，我国省级区域中，绝大多数均制定了科技进步条例或科技创新条例，其中，除北京市外的三个直辖市均已制定上述条例，省会城市、计划单列市和经济特区城市中，也有相当一部分制定了上述条例，北京市在推动科学技术进步的基本科技立法工作方面，已落后于其他的省市。

2012年，市委、市政府在《北京第十一次党代会报告》和《关于深化科技体制改革加快首都创新体系建设的意见》中，提出了将北京市建成为有世界影响力的科技文化创新之城和中国特色世界城市的总体目标。上述目标的提出，要求北京市科技立法领域必须形成目标一致、原则统一的立法体系，从而在科技机制、体制的构建上形成合力。在此情形下，北京市科技进步的基础性法规——《北京市科技创新促进条例》的缺失，已难以适应北京市科技创新发展对科技立法的要求。为实现上述目标，促进北京市科技创新长期、稳定地发展，有必要高屋建瓴，结合北京市科技创新的实践经验，制定具有纲领性、前瞻性、全面性的北京市科技进步的基本法规——北京市科技创新促进条例，结束北京市科技立法中“群龙无首”、“各自为政”的状况，从北京市科技工作的全局出发，对北京市科技活动进行长远的、全方位的制度设计，规定北京市科技发展的重点领域，明确地方科技法规的调整对象、范围和基本原则，确立适应市场经济发展需要的新型科技管理体制和科学研究与技术开发体制，列举科技主体从事科技创新活动的基本权利、具体规范政府各部门在科技创新中的职责，特别是在科技产品消费、科技活动监督方面的职责；同时，对科技奖励制度、国际科技交流与合作的基本原则、科技领域纠纷处理原则和程序、违反国家科技法律和地方科技法规的责任等基本问题。

（2）中央与外省市立法状况。

①中央立法：《科学技术进步法》（1993 年 7 月 2 日公布，2007 年 12 月 29 日修订）。

②地方立法：《广东省自主创新促进条例》（2011 年 11 月 30 日公布，2012 年 7 月 26 日修正），宁夏回族自治区实施《中华人民共和国科学技术进步法》办法（2010 年 12 月 3 日公布），《湖北省科技进步条例》（1995 年 9 月 26 日公布，2009 年 11 月 25 日修正），《厦门经济特区科学技术进步条例》（2008 年 3 月 27 日公布），《山东省科学技术进步条例》（1994 年 4 月 21 日公布，2012 年 1 月 13 日修正），《天津市科学技术进步促进条例》（2011 年 12 月 29 日公布），《江苏省科学技术进步条例》（1992 年 8 月 24 日公布，1997 年 7 月 31 日修正，2002 年 4 月 24 日第二次修正），《吉林省科学技术进步条例》（1994 年 4 月 22 日公布，1997 年 9 月 22 日修正），《湖南省科学技术进步条例》（2012 年 5 月 31 日公布），《浙江省科学技术进步条例》（1997 年 11 月 12 日公布，2002 年 4 月 25 日修正，2011 年 5 月 25 日第二次修正），《杭州市科学技术进步条例》（2011 年 11 月 25 日公布），《安徽省科学技术进步条例》（1994 年 7 月 16 日公布，2011 年 2 月 24 日修正），《贵州省科学技术进步条例》（2009 年 11 月 25 日公布），《西安市科学技术进步条例》（2009 年 9 月 24 日公布），《内蒙古自治区科学技术进步条例》（1996 年 6 月 1 日公布），《南京市科学技术进步条例》（1996 年 6 月 16 日公布），《武汉市科技创新促进条例》（2011 年 11 月 29 日公布），《新疆维吾尔自治区科学技术进步条例》（2012 年 3 月 28 日公布），《广西壮族自治区科学技术进步条例》（1993 年 8 月 18 日公布），《海南省促进科学技术进步条例》（1999 年 11

月26日公布)，《河南省科学技术进步条例》(1995年9月6日公布)，《陕西省科学技术进步条例》(2012年5月31日公布)，《山西省科学技术进步条例》(1995年9月21日公布)，《甘肃省科学技术进步条例》(1994年6月26日公布)，《云南省科学技术进步条例》(1994年11月30日公布)，《河北省科学技术进步条例》(2011年11月30日公布)，《福建省科学技术进步条例》(2012年12月14日公布)，《四川省科学技术进步条例》(1997年12月27日公布)，《青海省科学技术进步条例》(2012年5月30日公布)，《上海市科学技术进步条例》(1996年6月20日公布，2010年9月17日修订)，《重庆市科技创新促进条例》(2009年7月24日公布)，《深圳经济特区科技创新促进条例》(2008年7月22日公布)，《宁波市科技创新促进条例》(2011年4月11日公布)，《珠海经济特区科技创新促进条例》(2010年9月17日公布)，《青岛市科技创新促进条例》(2011年7月29日公布)，《广州市科技创新促进条例》(2013年4月8日公布)。

2.《北京市科技成果转化促进条例》

(1) 立法理由。

我国于1996年颁布了《促进科技成果转化法》，作为指导我国新时期科技事业发展的重要法律文件。但由于该法大多为较为原则化的指导性、纲领性规范，规范性和约束力有较大欠缺。因此，各地需要依据《科技成果转化法》的基本制度，结合本地实际，构建操作性强的配套制度。自《科技成果转化法》颁布实施以来，许多省市结合当地实际和发展趋势，积极探索，陆续出台了本区域的促进科技成果转化的地方性法规，极大地保障和促进了本地的科技成果转化。

近年来，北京市在制定科技成果转化政策和推动科技成果转化方面做了很多工作，科技成果转化应用对经济社会发展的支撑作用日益彰显。但专门针对科技成果转化的地方法规却迟迟未出台，科技成果转化立法缺失一直是科技工作中的薄弱环节。导致在科技成果转化过程中仍然存在以下问题：

①科技成果转化过程中的工作机制不够完善，工作方式较为陈旧。已有的科技成果转化激励机制尚不健全，科技评价导向不够合理，科技人员积极性、创造性尚未得到充分发挥。

②科技成果转化的主体地位不明确，产学研合作的积极性不高，大多数企业并未成为科研开发、成果转化的主体，企业参与产学研用结合的积极性有待提高。

③对科技成果转化和产业化投入不足，缺乏多种渠道的资金支持。尽管政府已对科技成果转化投入了大量资金，但相比于科技成果转化的需要，资金仍显不足，缺乏其他途径的资金支持。

④政府各部门在科技成果转化工作中的职责有待加强，政府在科技成果转化中的统筹工作、组织保障工作力度不够，科技成果转化指标并未纳入各部门的绩效考评范围。

⑤促进科技成果转化的市场环境有待优化。科技资源配置过度行政化，科技中介服务体系不完善，科技中介服务机构数量不足，从事科技成果转化的社会化服务人员匮乏，导致科技成果转化的中间环节不顺畅，全链条、全要素、全社会的科技成果转化的协同工作体系还没真正建立起来。[1][2]

上述问题的存在，严重阻碍了北京市科技成果向现实生产力的转化，有必要结合北京市科技成果转化的现实情况，在总结北京市现行的科技成果转化政策，吸取兄弟省、市、自治区科技成果立法经验的基础上，制定《北京市科技成果转化促进条例》。通过立法，突破科技成果转化和产业化的制度性障碍，强化企业在科技成果转化中的主体地位，提高产学研合作的积极性。建立多层次、多渠道的资金投入体系，增强科技成果转化和产业化的资金保障。加

---

❶ 涂平："北京科技成果转化的立法问题"，载《科技智囊》2011年第2期，第81~83页。

❷ 北京市科委：《北京市科技领域地方立法需求研究报告》，第19~20页。

强统筹协调，完善科技成果转化和产业化的组织保障体系。加强服务体系建设，全力营造有利于科技成果转化和产业化的市场环境。

（2）中央与外省市立法状况。

①中央立法：《促进科技成果转化法》（1996年5月15日公布）。

②地方立法：《河北省促进科技成果转化条例》（2003年7月18日公布），《山东省促进科技成果转化条例》（2001年10月28日公布），《哈尔滨市促进科技成果转化条例》（1998年9月9日公布，2003年4月15日修正），《重庆市促进科技成果转化条例》（1999年7月29日公布），《广州市促进科技成果转化条例》（2000年6月30日公布），《汕头经济特区促进科技成果转化条例》（2000年11月17日公布），《福建省促进科技成果转化条例》（2000年9月21日通过），《天津市促进科技成果转化条例》（1998年4月14日公布，2001年12月28日修正），《安徽省促进科技成果转化条例》（2003年10月24日），《浙江省促进科技成果转化条例》（2004年1月16日公布），《山东省促进科技成果转化条例》（2001年10月28日公布），《陕西省促进科技成果转化条例》（2005年9月30日公布，2010年5月27日修正），《江西省促进科技成果转化条例》（2000年6月24日公布），《广西壮族自治区促进科技成果转化条例》（1996年11月30日公布），《四川省促进科技成果转化条例》（2001年3月20日公布），《河南省促进科技成果转化条例》（2001年5月24日公布），《武汉市促进科技成果转化条例》（1998年11月27日公布，2002年1月18日修正，2010年9月29日第二次修正），《内蒙古自治区促进科技成果转化条例》（2000年11月15日公布），《贵州省促进科技成果转化条例》（1997年5月31日公布），《山西省促进科技成果转化条例》（1997年9月28日公布），《甘肃省促进科技成果转化条例》（1998年12月11日修正），《吉林省促进科技成果转化条例》（1995年5月28日公布），《江苏省促进科技成果转化条例》（2000年10月17日公

布),《宁夏回族自治区促进科技成果转化条例》(1998 年 12 月 4 日公布)。

3.《北京市科学技术普及条例》的修订

(1) 立法理由。

①《北京市科学技术普及条例》于 1998 年 11 月 5 日制定，于 1999 年 1 月 1 日实施，而中央立法《科学技术普及法》于 2002 年 6 月 29 日制定，自当日开始实施，前者的出台比后者早三年多，实施时间也早两年半，二者存在一定的立法冲突，但在《科学技术普及法》出台和实施后,《北京市科学技术普及条例》一直未能依据《立法法》和《科学技术普及法》的要求作相应的修订。

②近年来，北京市科普工作虽然取得了很大成绩，但与中国特色世界城市的要求和公众的需求相比，仍存在差距和不足：科普活动的有效性有待进一步提升；科普活动的范围有待拓广；科普经费投入、科普基础设施建设还较为薄弱，科普传媒、科普人才队伍的水平和服务能力有待进一步增强，科普工作者的劳动价值未得到应有承认和重视；科普宣传、科普创作事业还较为滞后，面向动员社会力量、科普研究、科普创作的激励机制几乎是空白；学校科技教育存在缺陷；科普产业发展尚不成熟，体现时代精神和中国特色的高水平科普产品数量相对有限；科普资源的开放共享程度不足，符合社会主义市场经济要求、广泛引导社会力量参与科普事业管理机制尚未完全形成；科普工作与国际接轨程度不够，具有世界影响力的科普品牌尚未形成。[1] 现行的《北京市科学技术普及条例》(以下简称《条例》) 存在一些与科技普及的工作需求不一致、不协调之处。首先,《条例》对政府科普职责、科普管理机制、社会科普能力建设、科普保障措施的规定过于原则化和简略，缺乏可操作性和强制性，影响了立法的科学性和约束性，滞后于经济社会发展的需求。其次，对自然科学相关内容的规定较为详尽，但是缺乏社会

[1] 北京市科委:《北京市科技领域地方立法需求研究报告》, 2012 年，第 21 页。

科学和科普能力建设相关内容。随着经济社会的快速发展和人们对科技认识的不断深化，社会科学作为社会经济发展的重要组成部分，已经越来越受到社会各界的关注和重视。同时，根据宪法关于“国家发展自然科学和社会科学事业，普及科学和技术知识”的规定以及科普法关于科学技术普及的内容，科普的范畴不仅应包括自然科学与技术，也包括社会科学；不仅包括科学知识的普及，也包括科学方法、科学思想、科学精神的普及。因此，《条例》的规定不仅与《宪法》及《科学技术普及法》的规定不符，也不适应经济社会发展的需要，不利于科学知识的全面推广和科学思想、科学精神和科学方法的弘扬。

③重庆、山东、福建、四川、江西、河南等十多个省市均在《科学技术普及法》颁布实施后，制定或修订了本区域的科学技术普及条例，北京市在科技普及方面的立法已显滞后。因此，有必要尽早修订《北京市科学技术普及条例》，应依据上位法《科学技术普及法》中涉及的科普工作的组织管理、社会责任、保障措施等方面的总体要求，制订出具体措施，建立适应社会主义市场经济要求、广泛引导社会力量参与科普事业管理体制机制，加强科普投入、科普队伍和科普场馆建设，改善科普工作者的工作条件及其生活待遇，创设活力十足的科普创作激励机制，推动科普产业发展，强化北京市公民的科普意识，促进科学技术教育、传播与普及，从而全面提高北京市市民科学素质。

（2）中央与外省市立法状况。

①中央立法：《科学技术普及法》（2002 年 6 月 29 日公布）。

②地方立法：《福建省科学技术普及条例》（2007 年 6 月 1 日公布），《黑龙江省科学技术普及条例》（2005 年 10 月 17 日公布），《四川省科学技术普及条例》（1999 年 8 月 14 日公布，2012 年 9 月 21 日修正），《重庆市科学技术普及条例》（2008 年 11 月 27 日公布），《贵阳市科学技术普及条例》（2012 年 1 月 5 日公布），《甘肃省科学技术普及条例》（2010 年 9 月 29 日公布），《安

徽省科学技术普及条例》(2009 年 10 月 23 日公布),《青海省科学技术普及条例》(2006 年 3 月 30 日公布),《广西壮族自治区科学技术普及条例》(2005 年 7 月 29 日公布),《山东省科学技术普及条例》（2003 年 9 月 26 日公布),《河南省科学技术普及条例》(2003 年 9 月 27 日公布),《海口市科学技术普及条例》（2012 年 10 月 8 日公布),《内蒙古自治区科学技术普及条例》（2002 年 12 月 3 日公布),《云南省科学技术普及条例》（2003 年 3 月 28 日公布),《江西省科学技术普及条例》（2007 年 9 月 21 日公布),《湖北省科学技术普及条例》(2006 年 7 月 21 日公布),《天津市科学技术普及条例》（已拟定修正案送审稿并于 2013 年 3 月向社会征求意见)。

4.《北京市试验动物管理条例》的修订

（1）立法理由。

北京市于 1996 年制定了《北京市试验动物管理条例》（以下简称《条例》)，并于 2004 年对之进行了修正，北京市实验动物立法与执法工作一直走在全国前列。但是随着科技创新发展，北京市实验动物行业涉及领域不断扩大，目前已涉及生物医药高科技、医疗卫生、疾病控制、人口和计划生育科研、食品及药品安全、外贸商检、环境监测与保护、日用化工等多领域多行业；其分布区域也由之前的集中于城区，发展为目前的遍布全市十六个区县，而且其数量呈现持续快速发展的态势，北京市实验动物许可单位从 2004 年的 98 家猛增至目前的 211 家。[1]《条例》原有部分规定已不适应新形势的需要，这主要表现为：

①动物监管职责设置不合理。《条例》仅规定市科技行政部门和市动管办享有行政监督职责，未明确区县科技部门职责，造成了北京市实验动物科技行政执法人员明显不足，远不能满足形势发展需要的现实。

[1] 北京市科委：《北京市科技领域地方立法需求研究报告》，2012 年，第 22 页。

②在实验动物许可与成果鉴定、新药评审等环节，《条例》缺乏协调统一的机制，实验动物质量监督和许可证制度亦不够完善。

③对实验动物行业的违法行为缺乏必要的规范。随着实验动物本身科技的快速发展，实验动物行业中的违法违纪案件逐渐增多，对社会造成的危害也越来越严重，行业内部普遍存在不正当竞争现象。原有法律制度对目前实验动物和动物实验质量控制的监管出现一些明显漏洞，例如大量转基因实验动物的出现、大量的非实验动物新品种的生产和进入、国内外实验动物品种的频繁交流、检测及技术认证的互认和实验动物福利伦理等问题和矛盾日益突出，《条例》对此缺少相关明确规定，导致实验动物管理机构对目前出现的多种违法违规行为缺少必要和有效的处罚依据。同时，从事动物实验人员或因所用实验动物质量不合格，或因不注意个人防护，有时会发生生物安全事故，存在爆发鼠源性人兽共患病的公共卫生和社会安全隐患，而《条例》对违反试验动物安全管理规范及酿成安全事故的情形处罚力度明显不足。❶

④缺乏实验动物行业产业化方面的管理规范。目前，北京市在实验动物生产饲料、垫料、笼器具、试剂、仪器、设备、设施方面的生产方面，远没有形成规模化产业，还没有摆脱对国际国内市场的依赖。这种状况的存在，与《条例》在实验动物行业产业化领域存在立法空白有很大关系。

总之，应再次修订《北京市试验动物管理条例》，以此规范实验动物的生产和使用，维护人民群众的生命健康安全，推动实验动物行业的进步，促进北京市生物医药产业、生物技术应用和生命科学研究的发展。

（2）中央及外省市立法状况。

①中央立法：《实验动物管理条例》（1988 年 10 月 30 日公

---

❶ 北京市科委：《北京市科技领域地方立法需求研究报告》，2012 年，第 22 ~ 23 页。

布)。

②地方立法:《黑龙江省实验动物管理条例》(2008 月 10 月 17 日公布),《广东省实验动物管理条例》(2010 年 6 月 2 日公布),《云南省实验动物管理条例》(2007 年 7 月 27 日公布),《湖北省实验动物管理条例》(2007 年 7 月 29 日公布),《天津市实施〈实验动物管理条例〉办法》(1989 年 5 月 29 日公布, 2004 年 7 月 1 日修订),《江苏省实验动物管理办法》(2008 年 9 月 2 日公布),《浙江省实验动物管理办法》(2009 年 8 月 17 日公布),《湖南省实施〈实验动物管理条例〉办法》(2012 年 5 月 1 日公布),《陕西省实验动物管理办法》(2011 年 4 月 22 日公布),《上海市实验动物管理办法》(1987 年 6 月 18 日公布),《山东省实验动物管理办法》(2008 年 10 月 1 日公布)。❶

5.《北京经济技术开发区条例》的修订

(1)立法理由。

北京经济技术开发区于 1992 年开始建设, 1995 年 4 月, 北京市人大制定了《北京经济技术开发区条例》(以下简称《条例》),在《条例》的推动和保障下, 开发区经过二十多年的发展, 取得了巨大成绩。随着世界经济格局的深刻调整, 国家对金融危机的一系列决策的实施和国内宏观经济环境的变化、首都人口、资源、环境协调发展问题的日益突出, 开发区的发展模式面临一系列的挑战,《条例》已难以适应开发区发展的要求, 这主要表现在以下四个方面:

①开发区管委会不具有独立的法律地位。开发区管委会作为市政府的派出机关, 代表市政府对开发区行使统一管理的职能, 主要承担区内招商引资、企业管理、基础设施建设和管理等职能。一方面, 开发区管委会不具备法定主体资格, 不是法律意义上的机关法

❶ 在试验动物管理领域, 国内立法的省市中, 仅有少数制定地方性法规, 大多制定地方政府规章。

人，不具有独立的法律地位，没有独立的行政许可权，开发区管委会的权力来自于市政府的授权。随着开发区对地区经济发展的作用越来越大，承担的任务越来越重，对增强开发区管理自主性的要求也越来越多，开发区的职权已不能满足发展和管理的需要，尤其在财政、规划、土地、建设等方面的经济管理权限难以满足发展需求。另一方面，上位法的变化则使开发区的职权空间变窄，2004年7月1日，《中华人民共和国行政许可法》开始实施后，行政许可只能“由具有行政许可权的行政机关在其法定职权范围内实施”，很多职权再通过政府授权这条路走不通了。2005年8月1日生效的《最高人民法院关于审理涉及国有土地使用权合同纠纷案件适用法律问题的解释（法释〔2005〕5号）》，明确规定土地使用权出让的主体只能是市、县人民政府，土地使用权出让合同的订立与履行则由市、县人民政府的土地管理部门具体负责，开发区管理委员会签订的《国有土地使用权出让合同》无效，直接否定了开发区管理委员会主体资格，使开发区出让土地面临更大的法律难题。

②决策管理机制缺乏科学性，《条例》未能规定开发区管委会的决策管理机制和程序，导致实践中决策过程过于粗放，存在一定的随意性和盲目性，开发区产业布局不尽合理。

③职能定位不合理。现有《条例》对开发区管委会的社会管理职责缺乏详尽规定，导致开发区管理模式存在一定的偏差。开发区虽然确立了服务型政府的定位，但政府的服务导向主要在于经济建设领域，认为打造产业链，用政府资金投向企业以引导社会投资就是政府的主要服务职能，对社会建设不够重视，未能充分意识到对社会事业的投资、对社会环境体系的完善，也可以有力地促进区域经济的发展。在国家级开发区建立初期，是功能简单的外向型工业园区，对社会事业的需求相对不太强烈。但是，随着开发区空间范围的扩大，不少乡镇被纳入开发区，开发区在以工业项目为主的前提下，功能日益复杂，常住人口大量增加，被征地农民的安置、

社区建设与管理、环境保护、教育卫生、社会保障等社会问题日益显现出来，对社会事业、社会公共服务的需求日益增长，如何提供高效的公共服务，已成为开发区管理机构面临的管理机制、体制创新中的重要问题。

④政府角色定位不准确。目前，《条例》对于开发区政府的角色定位缺乏明确的规定。现实中，政府经营管理模式过细、过于微观，开发区管委会为保经济增长，侧重于对单个企业，尤其是重点企业的产业扶持，对中小企业的引导和支持力度明显不足。同时，忽略营造大的公平合理的市场化环境，陷入到了细致的经营化管理之中，导致政府服务缺乏宏观性、系统性和前瞻性，受益群体十分有限，难以实现公民的共同利益。

上述问题的存在，在一定程度上影响了北京市经济技术开发区的发展，因此，有必要根据经济社会改革发展需要，结合北京经济技术开发区发展的现状和存在的问题，对《条例》进行修订。

（2）中央及外省市立法状况。

①中央立法：目前，尚无中央层面的立法。

②地方立法：《湖北省经济技术开发区条例》（1996 年 7 月 24 日公布），《天津市经济技术开发区条例》（2003 年 1 月 9 日公布），《贵州省开发区条例》（2012 年 5 月 25 日公布），《洋浦经济开发区条例》（2010 年 6 月 3 日公布），《重庆市经济技术开发区管理条例》（2000 年 9 月 29 日公布），《宁波市国家高新技术产业开发区条例》（2009 年 6 月 11 日公布），《天津滨海新区条例》（2002 年 10 月 24 日公布），《杭州经济技术开发区条例》（1994 年 4 月 28 日公布，2001 年 12 月 28 日修正），《山东省经济技术开发区管理条例》（1994 年 1 月 17 日公布），《南宁—东盟经济开发区条例》（2010 年 9 月 29 日公布），《河北省高新技术产业开发区条》（2002 年 3 月 30 日公布），《安徽省省级开发区条例》（2004 年 4 月 26 日公布），《温州市经济技术开发区条例》（1992 年 9 月 27 日公布，2001 年 12 月 28 日修正），《浙江省杭州经济技术开发

区条例》（1994年5月5日公布），《兰州市高新技术产业开发区条例》（2005年12月2日公布），《大连市经济技术开发区条例》（1987年7月25日公布，1992年11月28日修正，2010年9月29日第二次修正），《苏州市国家高新技术产业开发区条例》（1994年9月3日公布，2004年6月17日修正，2011年1月21日第二次修正），《银川市经济技术开发区条例》（2012年9月25日公布），《沈阳市经济技术开发区条例》（1994年7月30日公布，1997年1月23日修正），《江苏省经济技术开发区管理条例》（1986年12月20日公布，1993年10月30日修正，1997年7月31日第二次修正）。

6.《北京市科技资源共享条例》

（1）立法理由。

科技资源包括科学数据资源、大型科学仪器资源、自然科技资源和科技图书文献资源等，是国家科技创新和科技进步的基础条件。近年来，尽管我国采取了一系列措施，推动科技资源共享，但在我国科技资源共享领域，仍存在较大的问题：首先，建设和利用缺乏统筹性，条款分割严重。在建设上，国家虽投入大量经费购买各类科技资源，改善科技设施，但由于缺乏国家层面的整体规划和统一布局，“重复购买”、“重复建设”现象严重，导致大量国家科技经费严重浪费各类资源。在利用上，科技资源基本上为部门所有、单位所有、甚至少数课题组个人所有，彼此间相互封闭，各自为政，导致科技资源处零散、分散、闲置、浪费状况，无法形成集成优势，利用效率低下，不能为全社会共享，利用效率低，制约了科技创新的发展。[1]其次，缺乏科技资源共享的协调机制。科技资源分别隶属于不同部门所有，不同部门分别对这些资源进行管理，各部门基于本部门利益进行管理，形成各自独立的管理体制。由于

[1] 马怀德、张红：《科技资源共享立法问题研究》，中国政法大学出版社2008年版，第258～259页。

国家对科技资源的宏观调控的不足，不同部门间未能形成对科技资源管理的沟通与协调机制，导致科技资源信息渠道闭塞、共享平台欠缺，使科技资源共享困难重重。[1]

目前，从国家到地方，有关科技资源共享的法律法规均严重匮乏，已有的规定效力等级较低。在国家层面，《科技进步法》作为科技基本法，对科技资源共享问题未作规定，其他法律和行政法规也未涉及科技资源共享问题，仅有少量的、分散的部门规章对此作出了规定，如《气象资料共享管理办法》《农作物种质资源管理办法》，其余大多为政府部门的规范性文件，如《中央级新购大型科学仪器设备联合评议工作管理办法（试行）》《国家大型科学仪器中心管理暂行办法》《农业科学数据共享管理办法》。在地方立法层面，相关立法也十分匮乏，仅有极个别地区针对整个科技共享领域进行立法，如《太原市科技资源开放共享条例》对整个科技共享领域进行规范，《广东省自主创新促进条例》则对科技共享领域中的大型科学仪器设施的共享服务方面作出规范。大部分地区则仅采用制定政府部门规范性文件的方式，对科技共享领域的某些方面作出规定。同时，已有的立法及规范性文件内容过于简单，操作性不强，主要表现在对共享的内容和对象没有界定，对共享的具体机制没有规定，对共享的主体及其权利义务规定不明确。

迄今为止，北京市尚无专门规范科技资源共享的地方科技法规和科技规章，涉及科技资源共享的地方立法仅有地方性法规《中关村国家自主创新示范区条例》，由于该条例的立法目的为促进和保障中关村国家自主创新示范区建设，非专门规定科技共享问题，故仅有第 24 条一个条文对科技共享问题作出规范，内容过于原则化、简略。同时，该条例的规定仅适用于中关村创新示范区，并不适用于北京市其他区域，在实践中所起作用十分有限。和全国大多

[1] 张红："我国科技资源共享的现状及其分析"，载《科技与法律》2007 年第 2 期，第 18 ~ 20 页。

数省市一样，北京市科技共享问题主要靠政府部门的政策性文件来规范，科技共享体制、机制不健全，导致科技资源的利用效益偏低，阻碍了创新能力的增长，相比于首都拥有的丰富科技资源及在全国领先的科技创新地位，这种立法状况明显不相称、不适应。

在国家层面的科技共享立法缺位的情况下，为使有限的科技资源发挥更大的作用，有力地推动科技创新和经济发展，北京市应结合北京市科技资源的数量及分布情况，制定《北京市科技资源共享条例》，为全国其他省市做出表率。首先，改革现有条块分割的管理体制，加强科技资源的顶层设计和宏观调控，统一规划、合理布局。其次，确立共享的基本原则，共享主体的基本权利，明确共享管理机构，建设和规范科技基础平台，制定共享的基本制度，加强共享情形下的知识产权保护和国际科技交流。[1]

（2）中央及外省市立法状况。

①中央立法：《气象资料共享管理办法》（2001 年 11 月 27 日公布），《农作物种质资源管理办法》（2003 年 7 月 8 日公布）。

②地方立法：《太原市科技资源开放共享条例》（2010 年 8 月 27 日公布），《广东省自主创新促进条例》（2011 年 11 月 30 日公布，2012 年 7 月 26 日修正）。

7. 《北京市实施〈农业技术推广法〉办法》的修订

（1）立法理由。

《农业技术推广法》为 1993 年 7 月制定，已于 2012 年 8 月 31 日修订，修订的《农业技术推广法》明确了农技推广机构的公益性职责，因地制宜设立区域性推广机构，完善了乡级国家农业技术推广机构的管理体制，将乡镇机构岗位全部设为专业技术岗，保障农业技术推广专项资金和基层推广机构工作经费和基层农技推广人员的福利待遇，保障国家农业技术推广机构具备必要的工作条件。

---

[1] 马怀德、张红：《科技资源共享立法问题研究》，中国政法大学出版社 2008 年版，第 259～267 页。

《北京市实施〈农业技术推广法〉办法》（以下简称《办法》）为1995年6月制定，作为《农业技术推广法》实施性立法的地方科技法规，《办法》在上位法已经修订的情况下，尚未依据上位法作相应的修订，与上位法存在明显的冲突。如，在农业技术推广机构的岗位设置、对专业技术人员的学历要求方面，《农业技术推广法》第13条第2款规定："国家农业技术推广机构的岗位设置应当以专业技术岗位为主。乡镇国家农业技术推广机构的岗位应当全部为专业技术岗位，县级国家农业技术推广机构的专业技术岗位不得低于机构岗位总量的百分之八十，其他国家农业技术推广机构的专业技术岗位不得低于机构岗位总量的百分之七十。"该法第14条第2款则规定："国家农业技术推广机构聘用的新进专业技术人员，应当具有大专以上有关专业学历，并通过县级以上人民政府有关部门组织的专业技术水平考核。自治县、民族乡和国家确定的连片特困地区，经省、自治区、直辖市人民政府有关部门批准，可以聘用具有中专有关专业学历的人员或者其他具有相应专业技术水平的人员。"而《办法》第9条则规定："农业技术推广机构的人员应当以专业技术人员为主，专业技术人员的比例应当占编制人员总数的百分之八十以上。乡、镇以上农业技术推广机构中的专业技术人员，应当具有中等以上有关专业学历。"又如：《农业技术推广法》第10条确立了"公益性推广与经营性推广分类管理"原则，构建多元化的农业技术推广体系，规定"农业技术推广，实行国家农业技术推广机构与农业科研单位、有关学校、农民专业合作社、涉农企业、群众性科技组织、农民技术人员等相结合的推广体系"。同时，该法第11条明确了国家农业技术推广机构的公益性定位，规定各级国家农业技术推广机构属于公共服务机构。而《办法》第7条虽规定"乡、镇以上（含乡、镇）农业技术推广机构为国家事业单位"，但并未对其公益性做出明确规定，未限制其参与经营性活动。同时，《办法》第19条第2款规定："农业技术推广机构、农业科研单位、有关学校以及其他组织和科技人员，以技术转让、技术服务和技术承包等形式提供农业技术的，可以实行有偿服务，并应当依法订立合同。”此处的“农业技术推广机构”也包括国家设立的农业技术推广机构，实际上允许国家农业技术推广机构参与经营性活动，这与《农业技术推广法》的规定明显相悖。基于以上冲突和矛盾，为确保《办法》与上位法的一致，保障《办法》的有效性，使其能继续正常应用与实施，应及早根据《立法法》和《农业技术推广法》的有关规定作出修订。

（2）中央及外省市立法状况。

①中央立法：《农业技术推广法》（1993 年 7 月 2 日公布，2012 年 8 月 31 日修正）。

②地方立法：目前，各地的《实施〈农业技术法〉办法》均为《农业技术推广法》修订前制定，尚未依据修订的《农业技术推广法》作出修改，在不同程度上存在与《农业技术推广法》冲突之处，不具有借鉴意义，故在此不再列举各地的《实施〈农业技术法〉办法》。

8.《北京市专利保护和促进条例》的修订

（1）立法理由。

①现行立法与上位法不一致。《北京市专利保护和促进条例》（以下简称《条例》）为 2005 年 5 月颁布，其上位法为《专利法》和国务院《专利法实施细则》。根据党的十六届五中全会提出的“增强自主创新能力，建设创新型国家”的战略任务，上述两部上位法均已修订。《专利法》于 2008 年 12 月作第 3 次修订，国务院《专利法实施细则》则于 2010 年 1 月作了第 2 次修订，上述上位法修订后，市人大曾于 2009 年将《北京市专利保护和促进条例》列入立法调研计划，2012 年 11 月 29 日，市人大常委会第三十六次会议审议了《北京市专利保护和促进条例（修订草案）》，但迄今未能通过该条例的修正案，导致现行条例一些内容上位法不一致。

②现行立法不适应北京市科技创新的要求。现行《条例》存在以下一些问题：缺乏北京市专利工作的总体目标的规定，对政府

责任的规定不够明晰，欠缺专利预警制度、发展专利服务业制度、防止专利权滥用制度，对专利的保护力度不够。随着“科技北京”战略的提出及《北京市“十二五”规划纲要》对科技创新提出的新要求，该条例已无法完全适应本市科技创新和经济社会发展对专利工作的需求，难以彻底解决当前专利事业发展中面临的新问题。为贯彻《国家知识产权战略纲要》、十八大报告“创新驱动发展”战略、《专利法》、《专利法实施细则》的精神，应对上述条例作出修订，除及时作出适应性修改外，还应结合首都新的发展阶段和区位特点，预见性增设或完善必要内容，对于已经实施的地方规章或在实践中运行良好的做法，需要进一步制度化、规范化、体系化。

（2）中央与外省市立法状况。

①中央立法：《专利法》（1984 年 3 月 12 日公布，1992 年 9 月 4 日修订，2000 年 8 月 25 日第二次修正，2008 年 12 月 27 日第三次修订），《专利法实施细则》（2001 年 6 月 15 日公布，2002 年 12 月 28 日修正，2010 年 1 月 9 日第二次修正）。

②地方立法（仅列举上述两部上位法最后修订日期之后出台、根据修订后的上位法制定的地方条例）：《厦门经济特区专利促进与保护条例》（2011 年 11 月 26 日公布），《天津市专利促进与保护条例》（2011 年 1 月 6 日公布），《新疆维吾尔自治区专利促进与保护条例》（2012 年 9 月 28 日公布），《云南省专利促进与保护条例》（2012 年 11 月 29 日公布），《辽宁省专利促进和保护条例》（已列入 2013 年立法计划），《福建省专利促进与保护条例（修订草案）》（已于 2013 年 4 月 3 日获省政府常务会议和省长办公会议审议通过，待提交省人大审议）。

9.《北京市政府采购条例》

（1）立法理由。

①我国政府采购立法存在不足。2002 年制定的《政府采购法》在促进科技产品的政府采购上，存在一定的不足。这主要表现在：第一，政府采购科技创新目标的缺失。立法未提出促进科技创新的

目标，呈现短期化的特征。《政府采购法》只提出了采购“本国货物”这一原则要求，未能在对“本国货物”界定时，明确提出促进科技创新目标，也未规定科技创新产品政府采购比例。从我国目前政府采购制度实行的实践来看，政府采购的目标主要是节约资金和抑制腐败，对政府采购对科技创新的导向功能尚缺乏足够的理解和认识。第二，缺乏一套完整的科技创新企业评价标准和科技创新产品认证制度。尽管近年来政府采购在促进科技创新企业、高新技术企业及名牌产品、服务进入政府采购市场方面采取了一些有效措施，在一定程度上发挥了政府采购的导向功能，但由于缺少与之相关的科技创新企业和产品的评价体系，在政府采购实施中，难以准确把握某类产品是否属于科技创新产品、科技知识产权占多大比例的产品才算科技创新产品、如何评价、由哪个部门评价等问题。这些问题不够明确，政府在招标过程中很难把握好科技创新的方向。导致政府采购的政策导向还主要倾向于规模大、声誉高、区域内外知名企业，而对一些科技创新能力较强的成长型中小企业则缺少明确的政策指引。[1] 第三，政府采购的监督机制不够健全。首先，政府采购监督主体出现权力虚置。人大监督权缺位、行政部门监督不力，社会监督力量薄弱。其次，政府采购法律确定的监督范围较狭窄，监督范围仅局限于对招标采购过程，未将招投标之前和之后的行为纳入监督的范围，如政府采购法规定的政府采购监督范围为：政府采购法律法规和政策的执行情况、采购范围、采购方式、采购程序的执行情况、政府采购人员的职业素质和专业技能等，而政府采购之前计划的编制、政府采购合同的履行情况等则不在监督范围之中。[2]

---

[1] 董为民：“政府采购与科技创新”，载《经济研究参考》2010 年第 6 期，第 64～65 页。

[2] 杨玉梅：“论我国政府采购监督机制的完善”，载《经济问题探索》2006 年第 4 期，第 153～154 页。

②北京市在政府采购推动科技创新领域的探索有待上升为立法。近年来，北京市在政府采购推动科技创新方面进行了积极有益的探索。按照国务院在中关村设立国家自主创新示范区的批复要求，2008年11月，北京市人民政府出台了《关于在中关村科技园区开展政府采购自主创新产品试点工作的意见》。2009年2月，北京市科委、市发改委、市建委、市工业促进局、中关村管理委员会对2006年制定的《北京市自主创新产品认定办法（试行）》进行了修订。2009年以来，北京市先行先试，在国内率先将政府采购范围，从原先的办公用品扩展到政府投资的所有工程和服务项目，并规定在同等条件下优先采购自主创新产品。政府采购这只“有形的手”，为企业搭起了一座依靠自主创新走向市场高地的新平台。2010年12月，北京市人大通过了《中关村国家自主创新示范区条例》，该《条例》用3个条文对中关村国家自主创新示范区的自主创新产品政府采购作出了原则性规定，涉及政府职责、采购原则、方式、范围、创新产品纳入自主创新产品目录等问题。截至2010年年末，共有600多个投资项目应用了自主创新产品，采购金额达到85亿元，大大提升了自主创新创业企业的信心和市场号召力。根据北京市“十二五”规划，在“十二五”期间，北京市将不断完善政府采购自主创新产品相关制度，不断扩大采购比重和范围，5年采购总额超过300亿元。

可见，上述政策与法规对政府采购自主创新产品起到了极大的推动和促进作用。但上述涉及政府采购自主创新产品的政策、法规仅适用于中关村国家资助创新示范区，适用范围较窄。同时，在这些政策、法规中，起核心作用的依然是政策性文件，而非立法。迄今为止，北京市没有专门规范政府采购的地方立法（1999年曾制定《北京市政府采购办法》，2003年该《办法》失效）。

③北京市对政府采购立法存在较大需求。如本章第二大点中所述，根据调研，北京市在科技产品的推广、应用和消费问题上，相关政府部门配合和联动不够，积极性不高，推动力度有限，存在失

位现象，尤其在政府管理、社会建设领域，科技成果使用不快、更新不快、力度不大。究其原因，是现行立法对政府作为科技产品的消费者的责任、新技术产品的认定、新技术产品的优先采购等问题缺乏规定或规定得不够明确，所以，需要从政府采购的角度，在立法中具体规定政府的责任，促使政府把“消费者”的角色做好，保证政府的职能与科技创新、与经济发展需求更好地结合，从而通过消费手段引导创新和服务创新，推动创新消费。

综上所述，为促进政府采购自主创新产品在全市范围内的推广，将政府采购自主创新产品法治化、规范化，应在充分总结现有中关村政府采购自主创新产品政策、法规的基础上，借鉴兄弟省、市、自治区的立法体例和制度，将北京市实践中行之有效的成熟经验上升为地方性法规，制定北京市政府采购条例，明确政府采购中科技创新的目标，确立完整的科技创新企业评价标准和科技创新产品认证制度，健全政府采购监督机制，以弥补国家和北京市政府采购立法的不足，全方位推动政府采购自主创新产品的发展。

（2）中央及外省市立法状况。

①中央立法：《政府采购法》（2002 年 6 月 29 日公布），《政府采购法实施条例（征求意见稿）》（已于 2010 年 1 月向社会公开征集意见）。

②地方立法：《深圳经济特区政府采购条例》（1998 年 10 月 27 日公布，2012 年 2 月 21 日修订），《云南省政府采购条例》（2000 年 12 月 1 日公布）。

10.《北京市专业技术人员继续教育规定》的修订

（1）立法理由。

1995 年 6 月 8 日，北京市人大通过了《北京市专业技术人员继续教育规定》（以下简称《规定》），该《规定》于 1995 年 10 月 1 日开始实施，2001 年 5 月 18 日作了修订。《规定》的颁布与实施，对专业技术人员接受继续教育起到了一定的促进作用。但《规定》也存在较大的不足：①理念不够先进。《规定》未将专业技术人员的发展确立为立法目标，也未确立“以科技人员为本”的基本原则，从立法理念上看，《规定》重视事的发展而忽视人的发展，或者说没有把人的发展作为重要目标，难以充分发挥科技人才资源的作用。[1] ②《规定》条文仅 19 条，内容仅过于简略，缺乏明确、细致的规范，可操作性不强，其宣示意义远大于实际意义。存在的问题包括：对专业技术人员的权利、用人单位职责的规定、法律责任的规定均过于粗略；缺乏关于科目设置及要求的规定；缺乏有关教育机构获得取得继续教育施教机构资格的条件、程序的规定；缺乏政府、人力资源行政部门、有关行政部门和行业组织提供继续教育公共服务的规定；缺乏对继续教育活动进行监督管理的规定。如，未将专业技术人员继续教育情况列入年度考核、岗位聘任、晋升技术职务资格等的重要条件，未规定人力资源行政部门和有关部门对继续教育证书的真实性进行核查的职责，也未具体规定政府对施教机构进行监管的方式，未涉及继续教育的社会监督问题。

综上所述，《规定》在理念和内容上均存在一定的瑕疵，无法适应科技创新、建设世界城市对科技人才培育的要求，因此，有必要对《规定》进行修订，树立“以科技人员为本”的原则和理念，细化推进继续教育的规范，提高其明确性和可操作性，为全面提高专业技术人员素质，促进其全面发展，增强自主创新能力，保障专业技术人员的权益提供法制基础。

市科委法制处的同志在《北京市科技领域地方立法需求研究报告》中提出，专业技术人员继续教育问题可纳入地方政府规章《北京市科技人才评价办法》（以下简称《办法》），将该问题与其它科技人才评价问题在《办法》中作统一规定。对此，我们持不同观点，专业技术人员继续教育问题还是保留目前的单独法规立法模式为宜，理由如下：第一，《办法》的立法目的在于对科技人员科技行为、科技活动和科技成果的判断和评价，虽也涉及对专业技

---

[1] 北京市科委：《北京市科技领域地方立法需求研究报告》，第 23 ~24 页。

术人员继续教育的评价，但这并非《办法》的立法重点，在《办法》中不可能对该问题展开进行规定。同时，《办法》对科技人员继续教育的评价，重心在于对专业技术人员接受继续教育的结果的评价，不涉及专业技术人员继续教育的原则、专业技术人员的权利义务、形式和施教机构、公共服务、监督管理、法律责任等问题，也不可能对上述具体问题作详尽的规定。第二，《办法》属行政规章，而《规定》则属地方法规，若将专业技术人员继续教育问题置于《办法》之中，将降低立法的位阶，影响专业技术人员继续教育立法的效力。因此，我们认为，仍应通过地方法规的方式对专业技术人员继续教育作单独立法，保留《规定》，并根据新形势的需要，对之进行修订。

（2）中央与外省市立法状况。

①中央立法：《全国专业技术人员继续教育暂行规定》（1995年11月1日公布）。

②外省市立法：《广东省专业技术人员继续教育条例》（1993年7月15日公布，2009年11月26日修正），《贵州省专业技术人员继续教育规定》（2007年7月26日公布），《辽宁省专业技术人员继续教育规定》（1999年10月7日公布），《重庆市专业技术人员继续教育条例》（2003年9月26日公布），《江西省专业技术人员继续教育办法》（2007年5月9日公布），《江苏省专业技术人员继续教育条例》（2005年5月26日公布），《四川省专业技术人员继续教育条例》（2003年3月27日公布），《山东省专业技术人员继续教育条例》（2005年5月29日公布），《甘肃省专业技术人员继续教育条例》（2007年5月31日公布）。

11.《北京市促进科技中介机构发展条例》

（1）立法理由。

①现有规范层级较低，缺乏规范性和约束性。目前，尽管北京市已形成了包括30余项政策、法规和规章的科技中介机构政策法规体系，但在科技中介机构政策法规体系中，起决定性作用的仍是

《北京市促进科技中介机构发展的意见》和《北京市关于进一步促进大学科技园发展的意见》等政策性文件，尚无专门的地方性法规和规章，法制化程度不高，相关政策性文件规范层级较低，约束力和规范性有限。

②现有规范存在不合理之处。这主要表现在：科技中介机构管理体制不尽科学，政府与科技中介机构的关系不明确；科技中介机构的法律地位、产权制度、组织形式和投入机制尚不够清晰，这些制度的缺失，在不同程度上制约了科技中介机构的发展。为进一步解放生产力，鼓励科技中介机构的发展，北京市应制定《北京市促进科技中介机构发展条例》，将实践中行之有效的有关政策性文件上升、转化为地方科技法规，并对科技中介机构发展中存在的问题作出有针对性的规范，建立科学的科技中介机构管理体制，明确政府在促进科技中介机构发展中的职责，界定科技中介机构的法律地位，确立科技中介机构的产权制度、组织形式和投入机制，规定科技中介机构的任务（如科技评估评审、科技项目的组织、投资资金筹措和管理、从业资格认定标准等），确立行业自律制度。

（2）中央及外省市立法状况。

①中央立法：《促进科技成果转化法》（1996 年 5 月 15 日公布）。

②地方立法：《大连市促进科技中介服务发展条例》（2006 年 10 月 16 日公布）。

（二）地方科技规章立法项目

1.《北京市科技人才评价办法》

（1）立法理由。

目前，在国家层面，规范科技人才评价的立法仅有科学技术部于 2000 年 12 月发布的政府规章——《科技评估管理暂行办法》（以下简称《办法》），层级较低，难以起到规范作用。同时，该《办法》评估的对象包括的政府、企业、社会组织、个人等各类主体的科技活动和科技行为，仅有少量内容涉及科技人才的评价，内容较为简略、操作性不强。在北京市层面，尚无专门针对科技人才评价的地方立法，相关问题主要依赖国家和北京市的政策性文件规范。

在国家和北京市科技人才评价的政策性文件中，存在众多不利于科技创新、不利于创新型人才的问题，这主要表现为：

①评价标准不科学。首先，评价标准单一。在科技人才评价实践中，评价主体、对象、目的等均呈多元化的趋势，评价主体包括政府、事业单位、企业和学会等，评价对象包括科学家、教师、工程师和技术人员等，评价的目的包括招聘、晋升、选拔、奖励、承担任务、授予荣誉等。但在科技人才评价政策中，往往忽略不同评价主体、对象和目的对评价指标多样化的要求，过于强调科学文献索引等文献计量指标，以科研人员每年在指定刊物发表的论文数量作为重要的、甚至唯一的科技人员评价标准，并依据该标准进行考核，以评价论文论英雄，甚至实行末位淘汰。这种评价方法使得科研人员急于发表论文，过于追求论文数量，从而易使科技界气氛变得浮躁。在此环境下，对于那些难度高、有重大战略性意义的、需要厚积薄发的科研项目，科研人员往往敬而远之，造成了科研目标的本末倒置。其次，缺乏对长远绩效和发展潜质的相关评价指标。现有科技人才评价指标体系中，数据和信息的采集主要集中于最近几年，而缺少用于评价发展、成长过程的长效评价指标，导致人们将评价的注意力集中在当期绩效上，既忽略了对以往积累的科学认可，又忽略对科技人才个人发展潜质的关注。最后，缺乏科技成果转化情况的评价指标。导致我国科技成果脱离市场、脱离企业、转化率较低。[1]

---

[1] 程萍："我国科技人才评价存在的突出问题"，载《学习时报》2009 年 9 月 19 日，http：//www. qstheory. cn/kj/kj/201109/t20110923＿112262. htm，访问日期：2013 年 7 月 12 日。

②大学、科研机构行政化，科技人才评价中行政因素介入过多，对于科技人才的评价，虽然由各学科专家和科技管理层的行政人员共同承担，却往往由行政人员起主导作用，从评价标准和程序的制定，到评审选拔工作的实施、评审结果的认定，都有行政因素介入，甚至由行政人员决定，助长了行政人员干涉科技人才评价，"外行领导内行"的风气，破坏了科技人才评价的客观公正性。[1]

③缺乏专业评价机构，没有形成独立评价机制。[2] 这些因素的存在，极大地束缚了科技人才的健康成长，减缓了科技创新的步伐。

基于以上制度缺陷，北京市应从科技创新在北京市发展的核心地位、从建设世界城市的战略高度出发，在梳理现有科研人员评价的政策基础上，制定地方规章——北京市科技人才评价办法，以"以科技人员为本"为基本原则，以科技人才的发展为重要目标，坚持"科学规范，质量优先，公开公正，分类评价"的人才评价导向，将评估类型和范围、组织管理、评估机构和人员、评估程序、评估方式与标准、法律责任等问题纳入法制轨道，科学、全面地完善科技人才的评价标准和评价方法，建立规范的、全过程的科研管理体系，减少科技人才评价中的行政干预，规范科研行为、健全评价监督约束机制，最终确立与人才发展阶段、工作性质和岗位需求相匹配的能力和绩效的评价体制，保证科研活动与我国经济社会发展的长期目标相一致，从而营造良好的创新环境和创新文化，调动每个科技工作者的积极性、主动性和创造性，让他们都有平等地施展个人才华的机会。[3]

---

[1] 王松梅、成良斌："我国科技人才评价中存在的问题及对策研究"，载《科技与管理》2005 年第 6 期，第 129～130 页。

[2] 程萍："我国科技人才评价存在的突出问题"，载《学习时报》2009 年 9 月 19 日，http：//www. qstheory. cn/kj/kj/201109/t20110923＿112262. htm，访问日期：2013 年 7 月 12 日。

[3] 北京市科委：《北京市科技领域地方立法需求研究报告》，2012 年，第 24 页。

（2）中央与外省市立法状况。

①中央立法：《科技评估管理暂行办法》（2000 年 12 月 28 日公布）。

②外省市立法：目前，在外省市，尚无科技人才评价的立法，相关评价工作主要依赖于政策性文件支撑。

2.《北京市新购大型科学仪器设备联合评议管理办法》

（1）立法理由。

目前，我国科研经费还不宽裕，投入不足和重复投入的问题并存，大型科学仪器作为重要的科技资源，不能为全社会共享，闲置和浪费现象严重，严重阻碍了我国科技创新的发展。开展对以财政性资金为主购置的大型科学仪器、设备的联合评议工作，可以逐步解决大型科学仪器设备建设和管理中存在的条块分割、自我封闭、使用效率低下等问题，建立有效的促进和管理体制，完善科学仪器设备共建共享机制，实现合理布局、规范管理、有效使用，推动资源共享、促进技术成果辐射，促进全社会科技资源配置和综合集成，提高科技资源利用率，从源头上控制大型科学仪器设备的重复购置，从而促进创新主体实现技术进步、推动产业发展。

近年来，北京市根据《中央级新购大型科学仪器设备联合评议工作管理办法（试行）》（财教〔2004〕33 号）的要求，开展了科技条件平台的建设，大型科学仪器、设备是科技基础条件平台建设的重要内容。科技平台建设对于大型科学仪器设备实现合理布局、规范管理、有效使用，对促进全社会科技资源配置和综合集成发挥了基础性、先导性作用。

目前，国家和北京市在新购大型科学仪器设备联合评议领域均存在立法空白，实践中主要依据上述财政部教科文司出台的政策性文件《中央级新购大型科学仪器设备联合评议工作管理办法（试行）》。为提高北京市新购大型科学仪器设备联合评议工作的规范性、稳定性和明确性，应以上述财政部政策文件为依据，结合大型科学仪器、设备在购置规划、评议工作自身的特点，分析北京市本级项目支出预算管理现状，总结北京市科技平台建设的成熟经验，制定《北京市新购大型科学仪器设备联合评议管理办法》，对北京市的大型科学仪器设备的定义及范围、工作准则、评议机构及方法、申报程序、评议程序、共享机制监督制度、绩效考核等方面加以明确规定。[1]

（2）中央及外省市立法。

目前，中央和地方均未出台相关立法，该领域的活动主要依据相关政策性文件。在中央层面，该领域的政策性文件为财政部教科文司出台的《中央级新购大型科学仪器设备联合评议工作管理办法（试行）》（财教〔2004〕33 号）；在地方层面，政策性文件为各省市政府部门出台的新购大型科学仪器设备联合评议管理办法。

3.《北京市促进企业科技研究开发机构发展办法》

（1）立法理由。

近年来，北京市高度重视企业科技研发机构的建设，出台了一些促进企业研发的政策措施，1999 年，北京市政府发布实施《北京市鼓励在京设立科技研究开发机构的暂行规定》（京政发〔1999〕17 号），并于 2002 年修订为《北京市鼓励在京设立科技研究开发机构的规定》（京政发〔2002〕23 号），为国内第一个出台鼓励企业设立研发机构的政策文件，是我国企业研发机构政策的一个有益探索和实践。截至 2012 年底，北京市累计认定企业研发机构 292 家，其中市属国企设立研发机构 30 家，央企在京设立研发机构 48 家，外资在京设立研发机构 73 家，近 70% 的企业研发机构分布在示范区“两城两带”。

但是，随着经济社会发展，企业对研发投入强度不断加大，陆续出现了一批民办、企业化运作、集原始创新与产业化于一体的新兴技术创新机构，这些技术创新机构体制、机制灵活，实现了科研与产业的无缝连接，已成为源头性创新和拉动新兴产业发展的重要力量，而现有的规范性文件主要针对专门从事研发的机构，已不能

[1] 北京市科委：《北京市科技领域地方立法需求研究报告》，2012 年，第 24～26 页。

完全满足上述新型机构的研发需要。同时，由于规范性文件为政策性文件，约束力较低，以鼓励条款为主，在实践中存在不能落实或者难以落实的情形。

因此，需要通过立法，将规范性文件上升为政府规章，固化已有规定中行之有效的内容，结合科研与产业结合的趋势，完善相关制度，并明确相关主体的法律责任，以此更有力地促进北京市企业加强科技研发机构建设、提升自主创新能力，真正使企业成为科技创新主体。[1]

（2）中央与外省市立法状况。

目前，中央和地方均未出台相关立法，该领域的活动主要依据相关政策性文件。

4.《北京市科学技术奖励办法》的修订

（1）立法理由。

《北京市科学技术奖励办法》（以下简称《办法》）于2002年4月11日发布，经2007年3月7日和2010年8月13日两次修订，加大了奖励力度，完善了评审机制，强化政府导向，促进创新建设，完善了科技奖励监督机制，着力营造公平竞争的政策环境，对科技创新起到了积极的推动作用。但该《办法》仍过于原则化和简略，仅27个条文，对评审组织、申报与推荐程序、评审标准、评审与授奖程序均只作了原则性规定，缺乏具体的实施细则。如第6条规定："市人民政府设立北京市科学技术奖励评审委员会（以下简称评审委员会）。评审委员会下设若干专业评审委员会，依照本办法的规定，负责市科学技术奖的评审工作。评审委员会由政府相关部门主管科技工作的负责人和行业领域专家组成，其中行业领域专家比例不少于50%。评审委员会组成人员的人选，由市科学技术行政部门提出，报市人民政府批准，任期三年。各专业评审委员会由相关专业领域的专家组成，各专业评审委员会的人选由市科

[1] 北京市科委：《北京市科技领域地方立法需求研究报告》，2012年，第26～27页。

学技术行政部门确定。”在该条中，未能明确评审委员会和专业评审委员会的具体职责、遴选规则、评审专家的法律责任、专业评审委员会的评审程序。又如，该《办法》第8条规定了8项科技技术进步奖的奖励范围，但对这些范围中的“科学技术基础性工作”、“基础研究成果”、“研究成果”、“对提高公众的科学文化素养具有明显成效的科普作品”等概念缺乏明确的解释。再如，该《办法》未规定科学技术奖的评审标准，而是通过14条将评奖标准和评价指标授权给科技行政部门制定。同时，对申报市科学技术奖应提交的文件范围、推荐渠道、对初审的异议程序也未作具体规定。上述问题的存在，导致该《办法》的规范性、可操作性不强，实际评奖工作需要依赖北京市科委制定的配套政策性文件《北京市科学技术奖励办法实施细则》方可实施。因此，为加强《办法》的规范性、可预见性和可操作性，提高北京市科技奖励工作的法治化程度，促进有关部门在科技奖励评审过程中依法行政，应修订《办法》，对评审组织、申报与推荐程序、评审标准、评审与授奖程序等问题进行明确和细化。

（2）中央与外省市立法状况。

①中央立法：《国家科学技术奖励条例》（1999年5月23日公布，2003年11月20日修正），《省、部级科学技术奖励管理办法》（1999年12月26日公布），《国家科学技术奖励条例实施细则》（1999年12月24日公布，2004年12月27日修正，2008年12月23日第二次修正）。

②地方立法：《广东省科学技术奖励办法》（2010年9月21日公布），《浙江省科学技术奖励办法》（2002年1月21日公布），《陕西省科学技术奖励办法》（2009年12月29日公布），《辽宁省科学技术奖励办法》（2001年2月13日公布），《山东省科学技术奖励办法》（2006年6月30日公布），《安徽省科学技术奖励办法》（2009年2月26日公布），《沈阳市科学技术奖励办法》（2011年6月19日公布），《江苏省科学技术奖励办法》（2010年3

月24日公布），《广州市科学技术奖励办法》（2001年3月23日公布），《广西壮族自治区科学技术奖励办法》（2002年12月24日公布，2011年12月30日修正），《湖南省科学技术奖励办法》（2009年1月26日公布），《吉林省科学技术奖励办法》（2012年5月30日公布），《浙江省科学技术奖励办法》（2012年1月11日公布），《上海市科学技术奖励规定》（2001年3月22日公布，2007年1月11日修正，2012年12月7日第二次修正），《重庆市科学技术奖励办法》（2010年9月19日公布），《天津市科学技术奖励办法》（2000年9月30日公布）。

表6　北京市科技法规、规章立法项目建议表

序号	名称	性质	立法	上位法
1	北京市科技创新促进条例	法规	制定	科学技术进步法
2	北京市科技成果转化促进条例	法规	制定	促进科技成果转化法
3	北京市科学技术普及条例	法规	修订	科学技术普及法
4	北京市试验动物管理条例	法规	修订	实验动物管理条例
5	北京经济技术开发区条例	法规	修订	
6	北京市科技资源共享条例	法规	制定	
7	北京市实施《农业技术推广法》办法	法规	修订	农业技术推广法
8	北京市专利保护和促进条例	法规	修订	专利法、专利法实施细则
9	北京市政府采购条例	法规	制定	政府采购法
10	北京市专业技术人员继续教育规定	法规	修订	
11	北京市促进科技中介机构发展条例	法规	制定	促进科技成果转化法
12	北京市科技人才评价办法	规章	制定	
13	北京市促进企业科技研究开发机构发展办法	规章	制定	
14	北京市科学技术奖励办法	规章	修订	国家科学技术奖励条例
15	北京市新购大型科学仪器设备联合评议管理办法	规章	制定	

六、科技立法后评估

参考国内外的立法经验，其中有一种重要的法律监督方法，叫做“立法质量评估”（legislation impact analysis），亦称“立法效果评估”。在立法前进行评价或评估的，名之为“立法前评估”。与此相对应，在立法完成实施一个时期后进行的评估，通常被称为“立法后评估”[1]。一部法律的质量究竟如何，最终要看法律的实施效果，看它满足所调整的社会关系的程度和深度，以及守法、执法和司法适用的成本和效率。正如美国社会法学家庞德所说：“法律的生命在于它的适用和生效。”[2] 立法质量好不好，归根结底还要看其适用情况，看其是否经受得住实践的考验，达到预期的目的。

2010 年，全国人大教科文卫委员会、全国人大常委会法工委进行了《科学技术进步法》有关制度立法后评估试点工作。评估工作选择了 2007 年《科学技术进步法》修订的重点内容，同时又是科技界和广大企业普遍关心的第 20 条规定的财政性资金科技项目知识产权归属和使用制度，以及第 33 条规定的鼓励企业增加研究开发和技术创新投入制度两项关键性制度作为具体评估对象。经评估形成的评估报告《关于科学技术进步法有关制度立法后评估主要情况的报告》指出，这次评估工作确定并遵循了以下工作原则：客观公正原则，科学规范原则，公众参与原则，注重实效原

[1] 在我国，“立法后评估”始于 21 世纪初。最初用于评估行政机关立法行为，主要用于对国务院及地方政府制定的行政法规、政府规章所进行的经济、社会评估。后来渐扩展至地方立法机关。一些省级地方人大常委会在立法工作完成后，也开展对地方性法规的立法质量评估工作。近年来，各级立法机关和学界对立法质量评估工作达成一种共识，更有大力推行之势。2009 年和 2010 年，全国人大常委会法工委两次召开“规范性文件备案审查、立法后评估工作研讨会”，并已悄然启动对有关法律的立法后评估活动。

[2] ［美］罗斯科·庞德：《法理学》（第一卷），余履雪译，法律出版社 2007 年版，第 287 页。

则。通过文献研究、问卷调查、问卷调研、实地调研、情况报告、实例分析等工作，收集了大量信息资料、意见和建议，获得了客观、翔实的数据。报告显示，对于《科学技术进步法》第22条规定的财政性资金科技项目形成的知识产权授权项目承担者依法取得的制度，各级政府积极采取措施，促进知识产权的保护和实施，项目承担者积极落实知识产权管理和实施规定。实施效果为专利申请量和专利数量快速增长，实施转化效果显著，对法律制度的知晓度和认同度较高。

经过评估，也发现了存在的问题，如：对法律制度的个别内容存在不同理解；制度中的个别规定还未得到落实，相关配套措施还有待制定；促进科技成果转化激励政策的落实仍存在若干体制机制性障碍。对此，报告建议，有关主管部门研究制定配套措施；研究完善科技成果转化的有关法律制度；完善高等院校及科研机构成果转化激励机制等与科技成果转化有关的配套政策；进一步建立健全财政性资金科技项目成果转化的多渠道投入机制；全面落实财政性资金科技项目知识产权管理措施。

关于《科学技术进步法》第33条规定的鼓励企业增加研究开发和技术创新投入的制度，报告指出，实施效果较好，成效逐步显现。企业研发投入力度加大，对制度满意度高。同时，还存在享受研发费用加计扣除制度优惠的企业总数依然偏少，配套措施还不够完善；研发仪器设备加速折旧和对引进技术进行消化吸收再创新制度实施力度有待进一步加强等问题。报告建议，完善加计扣除制度的配套措施，增强制度的操作性和执行力度；梳理技术引进消化吸收再创新的相关规定，完善配套措施；完善协调机制，解决实施中的问题。❶

---

❶　陈菲、周英峰："立法后评估报告显示：科技进步法促进了科技进步"，载新华网2011年6月27日，http：//news. xinhuanet. com/2011－06/27/c_ 121591591. htm，访问日期：2013年5月10日。

北京市制定科技法规规章后，在科技活动中的作用如何，需要建立起科技立法后评估制度。以北京的具体情况看，首都科技地方法规主要包括《北京市实验动物管理条例》（1996），《北京市科学技术普及条例》（1999）和《北京市技术市场条例》（2002）等三部地方性法规，其制定和出台时间基本在20世纪90年代中期和21世纪初期，从其内容与形式在诸多方面已经不能适应今天科技发展的需要，因此，应当成为首都科技法制监督的重要对象；而对于其他一类严格意义上只是具有规范性文件效力的政府文件，也应进行实施效果的评估。结合立法评估的理论和实践，我们认为，做好首都科技立法评估应重点思考如下几方面的问题。

（一）关于立法后评估主体

立法后评估主体，是指在立法后评估的决定者、主持者，负责制订和落实评估方案、组织和开展各项评估工作。从现有的信息可知，已经或正在进行的立法后评估基本上是以各种立法机关为主体的。如，国务院的行政法规后评估是由国务院提出文件，国务院法制办组织实施的；各地的地方性法规后评估是由这些地方的人大常委会组织实施。严格说来，这是立法机关为提高立法质量、改进立法工作、切实遵循“立法为民”宗旨的一种主动、自觉的“自我评估”，所以，不少地方也称之为“立法回头看”。本书对立法作自我评估完全是必要的、应当的，也是值得提倡的。

立法后的自我评估与立法后评估最根本的区别是评估主体不同。立法后的自我评估的评估主体是该立法项目的立法机关，属于一种自律自为的自评自查和自我监督；立法后评估的评估主体应当是中立的第三者，带有一种制度性的测评测查和外在监督的性质。立法后的自我评估和立法后评估两者可能各有优长，完全可以并存共荣、相互促进，还可以相互交叉、结合。但有一条底线，立法后的自我评估不等同于立法后评估，也不能代替立法后评估。本书对立法后评估的主体组建及运作方式提出了四点具体设想：

第一种方式，由立法机关制定评估内容、标准、程序等规范性文件后，指定委托或招标委托中立的组织进行评估。

第二种方式，采取一体多元主体来开展立法后评估。如以立法机关为虚置主体的操作方式，即由立法机关掌握评估的主导权，但将评估内容分割发包交由多个第三方去实施，也可以由立法机关组成课题组或通过课题立项的办法委托其他组织去完成。受委托方可以是评估机构、科研院所等机构。

第三种方式，立法机关自我评估与授权委托中立第三方评估同时进行，各有侧重、交叉结合。如，法律法规的实施情况调研可以由立法机关牵头组织，吸收中立第三方人员参与，文本评价等相对独立的评估内容则完全交由中立第三方去做。

第四种方式，由人民政协作为评估主体，也采取一体多元的方式进行。政治协商制度是我国的一项基本政治制度，各级政协有很高的权威性，很强的组织性。由人民政协来主导立法后评估，既能克服高校、研究机构、社会团体权威性不足、组织力不强、社会资源匮乏的弱点；又能因其身份超然，增强作出评估客观公正的可能性。

（二）立法后评估的内容和标准

立法后评估是整个法治建设过程中的一个极其重要的环节，建立立法后评估制度，通过对已有法律法规的效力作出客观评价，有利于及时、准确地修改或废止，从而提高立法质量，减少制定成本高、实施成本高、监督成本高和社会效益差的“劣法”。评估内容的确定是否准确，评估标准的制定是否科学系统，方法和路径的选择是否得当，关系到评估结果是否客观真实，关系到评估的优劣成败。评估内容、标准、方法三者都重要，不过三者之中，重中之重还是评估标准。

首先，关于评估内容。评估内容指所确定的评估对象进入评估系统的诸因素。一些西方国家将立法后评估的内容主要限于立法的成本、效益或者效果。我国的情况有很大的特殊性，不宜完全搬用外国立法后评估的概念，而应当对立法后评估的内容作较为宽泛的理解。具体地说，应当包括法律法规的立法成本、法规存在的问题及缺陷，责任主体的责任落实情况、立法时争议的焦点问题及其解决方案的公正性与可行性、法律法规的实施效果、重要制度落实情况、实施绩效等。

其次，关于评估标准。立法后评估本质上是立法质量评估，因此，立法后评估的标准实质上就是立法质量的标准。提供科学、客观的尺度和标准，不但是评估取得实效的有力保证，还可以对日常立法工作起到引导作用。前面说过，立法后评估的标准在决定评估的优劣成败中起着关键作用，其制定难度也最大。目前，我国尚未形成比较认可的统一评估标准，正处于积极的探索和研究阶段。

评估标准的制定应考虑两方面的因素：一是要能客观反映法律法规实施效果和成本的基本评价；二是要能客观反映法律法规中设定的各项制度的合法性、合理性、可操作性、协调性，以及立法技术等方面基本评价。综合各方面情况，制定立法后评估标准主要有以下五个基本方面：

第一，合法性标准。合法性评价是指在后评估过程中，评估主体对立法的原则、精神和规范所做的合乎法律性的衡量和判断，从而发现立法的整体或部分规范可能存在的违法性因素。如法规的各项规定是否与上位法一致，没有上位法的，是否符合立法精神和原则，从而保障国家法制的统一性。

第二，合理性标准。“立法内容的合理性主要表现为合规律性和合利益性。”如法律法规是否适应经济社会发展需要，在相关社会关系调整中是否必需；各项规定是否符合公平、公正原则，是否符合立法目的，所规定的措施和手段是否适当、必要；可以采用多种方式实现立法目的的，是否采用对当事人权益损害最小的方式；有关法律责任设定是否适当。

第三，协调性标准。本法与同阶位的立法是否存在冲突，本法规定的制度之间是否衔接，配套规定是否完备。

第四，实效性标准。法规规定的执法体制、机制、措施是否明确、具体、高效、便捷，是否具有可操作性；法规是否得到普遍遵守和执行，是否实现立法预期的效果；法规的实施成本大小，以及是否达到预期的立法效益和社会效益。

第五，技术性标准。主要从狭义的立法技术角度考察法规的协调性、完备性和可操作性。如立法技术是否规范，逻辑结构是否严密，文字表述是否准确。

上述五个方面仅仅是制定评估标准的目标定位，尚未具体化，更未作量化。评估主体完全可以根据评估内容，选择其中几项或者全部并制定更具体的可操作的评估标准，还可以根据实际情况确定其他标准。经验证明，评估标准的制定要力求简明扼要、可操作、可量化，切忌繁多、含糊、重定性不重定量。

（三）立法后评估与法律法规的清理与改废

无论是立法后评估还是立法后的自我评估，都有一个实效问题。如果评估的结果不与启动法律法规和规章的清理程序挂钩，如果评估的结果不能通过法律法规的修改修正和废止的立法活动体现出来，那么高成本的立法后评估活动就难以促进立法质量的提高，同样会走入与“观赏性立法”一样“为评估而评估”的“观赏性评估”的形象工程歧途，那将是法治建设事业的又一个悲哀。因此，立法后评估及自我评估要么不搞，要搞就一定要与法律法规或规章的清理、改废结合起来，使之成为立法活动的延伸，成为同一法律、法规、规章两次立法——制定与修改之间的桥梁和纽带。

第四章　法治政府在科技服务中的行为方式

当今世界，政府已成为推动本国科技发展的最主要的核心力量之一。世界各国政府对本国科技发展的关注程度之高、投入力度之大和影响范围之广都是前所未有的。因此，如果没有政府的积极介入和推动，科技发展就不会有今天的成果。自改革开放以来，我国政府一方面加大了科技投入的力度，但与此同时，更注重给予科技创新主体更多的自主性，注重建立有利于科技创新主体创造力发挥的科技管理与服务体系，以此用规范化的方式促进与鼓励科技事业的快速发展。这也是贯彻落实依法治国基本方略，以及党的“十六大”、“十七大”和“十八大”以来会议精神的体现。在建设社会主义法治国家的过程中，科技管理体制必须走依法管理、依法行政的道路，只有切实把政府科技管理职能转移到制定规划、强化管理、加强监督和提供优质服务及创造良好发展的环境上来，才能真正为我国创新型国家的建设以及“科技北京”的建设打下牢固的基础。在这个转型过程中，对新政府相应职能的转变也提出了新的要求，即从全能型政府向法治型和服务型政府的转变，由此，对于法治政府在科技服务中的行为方式也提出了新的要求。本章将围绕规范政府科技决策的制定程序、规范政府科技促进鼓励措施的制定、政府信息公开与科技创新服务以及科技法制监督等四个问题展开。

一、规范科技决策、政策的制定程序

在科学技术成为影响人们社会生活重要因素的今天，科学决策水平的取向，直接关系到每个人的切身利益。结合现实情况来看，在中国特色社会主义市场经济体制中，政府在科技活动中所发挥的作用越来越重要，政府参与制定科技政策的机会也越来越多，其中，既有参与具体科研规划与科研项目制定的直接决策行为，也有通过制定激励措施而间接促进科技产业发展的方式。

（一）科技决策的一般特征

科技决策属于政策科学的范畴，与政治、经济决策等不同，具有一定的特殊性。第一，科技政策决策者的知识与权利是逆向交叉的。即掌握决策权的人多半不精通科学技术，尤其在某些领域，权力越大的人往往越是远离科技研发的实践，结合组织行为的观点来看，这被认为是组织学中的特殊情况；第二，科技决策的对象是科学和技术，这就要求它本身应当具有高度的科学性，然而，现实的政策问题与政策科学之间断层很大，人们还缺乏有效的办法去评价科技政策。近年来兴起的关于科学的科学和关于研究的研究，虽已开始探索使用科技指标体系等定量方法，提高科技决策的科学性，但仍处于初期研究阶段；第三，科技政策对人类社会的直接、间接影响都非常大，随着科学技术的发展，政策的取向越来越影响着人们生活的方方面面，它们都不以人的意志为转移发挥着巨大作用。

（二）科技决策的基本层次

由于政府科技决策涉及的内容极为宽泛，因此，难以对科技决策的层次划分制定单一的标准，但大致可以结合以下因素考虑政府科技决策的层次：

第一，中长期科技发展战略决策。如国家制定的《国家中长期科学和技术发展规划纲要（2006～2020年）》；此外，如地方政府为落实国家五年发展规划和本地区五年发展规划所包括的科技政策所制定的对应性政策内容，如北京市制定的《十二五科技北京发展建设规划》等。

第二，政府制定的科研开发制度和组织管理制度。以北京市为例，此类制度包括《北京市技术市场条例》、《北京市科学技术普及条例》等，这类政策和制度具有基础性的特点，主要针对科技主体在科研组织、管理或服务过程中的一些普遍性政策需求，因此，具有较为宽泛的使用空间，同时，更多的政策目的集中于良好科技社会或市场氛围的营造与保障。

第三，各具体领域的科研项目的决策。此类科技政策在现实中最为繁多，主要面向不同产业发展中的科技研发，其技术性、专业性最强，但适用性有较为具体的范围。

第四，与科技有关的规章制度的决策。如鼓励科研开发的补贴政策、融资政策、税收政策、股权激励改革试点等，此类政策的意图主要是发挥引导作用，促进和鼓励科技产业，尤其是中小科技企业主体的快速发展。

由于现实中政府科技决策的层次性的不同，导致相应的决策主体和决策机制应有不同的侧重，如基于中长期发展战略决策的决策制定过程要求更多地体现专家角色以及不同部门之间的横向参与，其决策机制一般不过分强调特殊的程序要求。相对而言，政府部门制定的科技立法决策过程则与之不同，有着较为严格的程序性要求。至于某些具体领域的科研决策和政策制定过程，则在现实中对于技术性和程序性要求就可能缺乏规范性。

（三）现行科技决策、政策制定程序中存在的问题

1. 科技决策的制约机制严重匮乏

以往，人们比较强调领导者个人在科技决策中的作用，比较注重对领导个人素质的要求，这并没有错。但相对而言，如果过分强调决策权归属，容易忽视决策程序的制度化与规范化，忽视了科技管理体制的制度建设，依靠制度乃至法律的程序就相对比较薄弱，这种传统的以行政命令为条件手段的管理模式在目前仍有广泛的影响。虽然目前政府机构引入了一定的竞争机制，但总体而言，政府活动没有盈利动机，加之缺乏足够的压力和动力追求科技决策的高

效率，这种决策机制的不科学性就显得更为突出。

2. 现行专家决策系统存在缺陷

现行科技决策机制中不是不考虑专家参与决策的因素，然而，在现有机制的运行中还存在以下突出问题：一是专家系统知识掌握依然不全，依然面临知识有限、信息不全的问题，而且在涉及政治、社会和心理因素时，专家的专业技能的作用仍然受到限制。二是专家难以逾越利益因素的品质制约。科技决策作为具有经济性要素的权威性分配活动，每一个具体的科技决策行为与过程也势必涉及利益分配问题。决策系统所涉及的组织、个人总是期望采取有利于自己的行动方案。例如，在科技项目评审和成果评审中，不同层次的决策者意见不尽相同，尤其是代表公权力背景的决策意志比较明确时，则往往决策结果就会显著向权力倾斜，由此，专家的确在决策过程中面临利益与压力的巨大挑战，甚至有时无法固守基本的公正性与科学性要求。

3. 现行科技决策的程序架构存在不足

目前传统的决策评价局限于执行层次，而项目执行处于决策末端，评价时只能做修补性努力，并不能影响最初的决策。要彻底解决这个问题，根本途径在于建立科学的决策架构，从决策的源头控制失效，并要求在结构上具有多谋与善断、决断与执行的横向职能分工及纵向职权分层。

（四）科技决策、政策制定程序的建议

习近平2013年在中国科学院考察时强调，要坚决扫除影响科技创新能力提高的体制障碍，有力打通科技和经济转移转化的通道，优化科技政策供给，完善科技评价体系。[1] 为了贯彻这一要

[1] 李斌：《扫除影响科技创新能力提高的体制障碍》，载《新华每日电讯》2013年07月18日第1版，http://news.xinhuanet.com/mrdx/2013-07/18/c_132550523.htm，访问日期：2013年7月20日。

求，需要我们通过优化科技决策过程，增强决策过程的开放性、回应性，实现科技决策的科学化、民主化和法制化，使尽可能多的人能够通过某种渠道对科技和科技决策表达自己的意见，最终完善科技决策体制。尤其要做好以下几方面的工作：

第一，建立灵活、高效的科技组织体系。科技政策的选择和决策的形成是在决策中心的组织架构中进行的，因此，决策中心的组织结构方式对科技政策的选择与决策的形成这两个阶段都具有相当大的影响。为了形成一种具有高瞻远瞩的科技战略和科技决策，设计一种灵活、高效的科技决策组织体系是非常必要的。具体应建立起以决策中枢系统为核心，以咨询、评估、监督为辅助的一体化的决策组织类型。

第二，健全科技决策的决策程序，通过程序架构系统化，加快向程序决策的转变。决策程序是指在决策时自始至终所必须遵循的技术、方法、步骤及其全过程。建立一套科学的决策程序，形成一种制度来保证决策的科学性，可以最大限度地减小盲目性、片面性，降低风险系数。赫伯特·西蒙认为，科学决策的程度大致包括以下方面：提出问题、明确目标——收集信息、制定方案——咨询论证、方案决断——贯彻执行、督促检查——反馈修正、决策评估。[1] 由此，一个科学健全的决策程序应该包括以下阶段：（1）问题界定阶段，即发现问题，并确定政策目标；（2）政策规划阶段，即为实现决策目标进行调查研究和调查信息的分析加工；（3）政策评估阶段，即对各种政策方案的利弊进行评估分析并对可能出现的各种后果进行预测分析；（4）政策方案的选择阶段，即在不同的政策方案中进行比较论证、权衡利弊之后，从中选择其一或综合成一；（5）政策实施和反馈阶段，即把选择的方案具体实施，并及时反馈方案实施后的各方面意见和建议，对方案进行修改、

---

[1] 黄炳文："我国现行科技决策机制的弊端及完善"，载《厦门科技》2007 年第 4 期，第 5 页。

完善。

第三，建立科技决策责任追究制度，实行依法决策。决策法制化，就是依照法律规定的权限，依法律规定的程序、制度进行科学决策。决策的随意性，必然造成国家财产的巨大浪费，招来纳税人的不满，使得政府形象受到严重损害。为此，制定一些规范政府决策行为的法律、法规，这是决策的前提条件。其中很重要的一点就是建立科技决策责任追究制度，对那些滥用职权、不遵循科学决策程序的决策者进行严厉惩罚，以产生震慑作用。因此，必须把决策责任追究制度的建立与健全作为科技决策体制的重要组成部分。

第四，推行以科技政策制定者、科技专家和公众为决策主体的多元化决策模式。社会主义和谐社会必然是指社会多元化基础上的和谐。就科技技术政策而言，我们应该推行以政策制定者、科技专家和公众为决策主体的多元化决策模式。这种多元化决策机制既包括了科技专家和政策制定者对于决策进行不断探索的过程，又包括了不同利益群体和个人不断参与决策的过程。具体来说，所谓探索是指在决策之前，决策者应当会同科技专家对决策的目标和实际状况进行研究和评估，提出发展目标和具体的运作手段，并随着政策的实施进行监督和修正；所谓参与过程是指被实施政策的地区和各利益群体、个人都将要参与政策的讨论和政策的制定，并参与政策的实施。多元化决策机制就是在对各种利益群体冲突目标的协调中达到和谐社会的总目标。

总之，积极探索一条适应于科技发展的科技决策体制，合理分配有限的科技资源，有效整合不同群体的利益诉求，对建设科技北京有着重大的实践意义。

二、规范政府的科技促进与鼓励措施

政府作为科技事业的重要参与力量，一方面要从宏观上维护科学技术活动的正常秩序、创造有利于科技发展的社会环境，从而实现提高全民族的科学文化素质的管理职能；另一方面，政府还要善于扮演科技事业服务者的角色，善于采取多种措施鼓励创新，尤其是利用各种经济手段引导科技发展方向及社会资源的理性配置。

（一）首都科技促进与鼓励措施的分布

北京市科委作为首都科技服务发展的主要推动机构，其科技服务的促进与鼓励措施主要涉及信息资源提供、科技条件平台共享、技术交易规范、科技金融支持、科技孵化器服务、产业联盟促进、高新技术企业认定和法定的行政许可、行政审批等八个板块。[1]

项目名称	内容	简介
信息资源	北京科技成果产业化情报系统	该系统由北京市科委北京市科技信息中心建设，是面向科技管理部门及一定范围的企业、高校、科研院所等用户提供科技成果及产业化情报的公共服务和决策支撑服务系统。包括：国家科技项目库、国家科技成果库、国家专利库、文献库、媒体资讯库、成果信息库、情报信息库等7个核心数据库，数据总量达1.6亿条。
	北京市农业数据资源	由北京市科委农村发展中心建设的北京市农业数据库资源中心，主要包括：农业专家、实用技术、政策法规、产业化龙头企业、农民经纪人、质量标准等10个大型数据库。
科技条件平台	开放实验室、仪器设备、科技人才、科研成果	2012年首都科技条件平台以需求为导向深度整合开放科技资源，共促进15亿元的仪器设备向社会开放共享，使开放的科技资源总量达到166亿元，同时强化过程业务活动，促进资源和需求有效对接，有10855家企业享受首都科技条件平台的各类服务，服务合同额达21.1亿元。
技术交易	技术合同、技术交易	《北京市技术市场条例》
孵化器	科技企业孵化器	目前我市认定了近30个专门从事高新技术产业的专业化孵化基地。

[1] 以下表格内容主要结合北京市科委网站的信息公开内容整理完成。

续表

项目名称	内容	简介
科技金融	科技投资、项目基金管理、金融、保险等	关于印发《科技型中小企业创业投资引导基金管理暂行办法》的通知； 关于促进科技和金融结合加快实施自主创新战略的若干意见； 关于印发促进科技和金融结合试点实施方案的通知； 关于进一步加大对科技型中小企业信贷支持的指导意见； 北京市人民政府关于进一步促进科技成果转化和产业化的指导意见； 关于印发《北京市中小企业创业投资引导基金实施暂行办法》的通知。
产业联盟	行业产业联盟服务平台	北京市第一个由政府推动成立的综合性、公益性的科技服务平台，具有综合性的特点，体现在平台服务囊括了涉及科技成果产业化服务。
高新技术企业	高新技术企业认定	高新技术企业认定、技术先进型服务企业认定、高新技术成果转化项目认定等。
其他	行政许可、审批事项的受理审核	实验动物许可证、涉外国家科学技术秘密出口保密审查、社会力量面向社会设立的科技奖励登记、科技类民办非企业单位的审批、科技保密审查、技术合同认定登记、科技研究开发机构认定、北京市科学技术奖获奖人选和奖励等级、北京市科技型中小企业创新资金、北京市重点实验室申报、北京市自然科学基金资助项目申请、北京市科普基地申报等。

（二）当前科技促进与鼓励措施存在的问题分析

第一，有些科技促进与鼓励措施的操作性不强，不能解决科技主体所急迫解决的问题。如政府虽然十分重视促进企业科技创新成果的转化，但在其具体所涉及的具有操作性的税收、规划、资金、人才、服务平台，尤其是在科技型中小企业技术转化所需要的信息咨询、技术交易转让等方面仍有欠缺。

第二，多职能部门交叉管理的现状，导致一些亟待制定的科技政策与措施不能适时出台。如我国省级区域中，绝大多数均制定了科技进步条例或科技创新条例，其中，除北京市外的三个直辖市均已制定上述条例，而北京市在推动科学技术进步的基本科技立法工作方面——《科技创新促进条例》的地方性立法迟迟不能出台，其中一个重要的原因在于条例的制定需要协调众多的相关管理部门。

第三，已经出台的科技促进和鼓励措施体系分布不合理，具有普遍性、基础性、普惠性的政策较少，形成了一些政策需求的“洼地”。而涉及某些特殊领域的特定政策却由不同部门多头制定，形成“政策密集区”，但往往缺乏统合性与系统性。

第四，科技促进与鼓励措施程序复杂，给政策申请人带来较大的执行成本。这集中体现在科技类相关政策落实中的行政许可与行政审批项目的申请，如高新技术企业执行研究开发费用加计扣除政策、高新技术企业发生的职工教育经费支出、有关股权奖励个人所得税试点政策等均需要进一步简化与完善。

（三）规范科技促进与鼓励措施的建议

1. 需求调研是制定与出台科技促进或鼓励措施的源头

政府作为科技事业的管理机关固然在科技创新与发展事业中具有重要的引领作用，但在根本上不能取代科技企业、科研机构等科技生产者的主体性地位。为此，政府相关职能的发挥更多地表现在为直接的科技生产者的科技创新活动营造良好的环境，最大限度激发科技创造者的潜能，帮助科技生产主体扫除科技创新中面临的“非科技本身的”阻碍因素。

由于政府并非直接在科技创新活动一线，因此，在现实中并不完全掌握科技创新主体的现实发展瓶颈及政策需求，这就要求科技事业主管机构善于了解科技创新活动主体的真实需求，而后才能有的放矢地制定政策，从而解决科技事业发展中方方面面的问题。因此，从问题导向出发，政府制定和出台各项科技促进和鼓励措施的动力与源头不应仅仅是基于制定政策者本身的主观意图或一厢情愿，而必须是基于对科技发展中客观存在的固有问题的了解与掌握。

在需求调研过程中，要明确各类问题产生的原因才能制定得当的解决措施。例如，在科技主体的创新活动中，有些发展的难题在于相关政府部门的不适当干预，对此，相关政策的导向就是要减少不合理的约束，相应的政策导向就是减少不必要的行政管理，如审批、许可等；再如，有的问题是科技服务环境不佳，例如科技中介市场发育不足，为此，通过调研所制定相应的政策导向就不是直接针对科研机构本身发力，而是要通过扶持科技服务相关产业，如科技中介机构从而鼓励与促进科技事业的发展；还如，有的科技主体所面临的主要困难在于资金的来源和投入不足，对此，就要求相关部门制定有利于科技企业发展的特殊融资政策，甚至直接制定相应的科研项目投入规划。总而言之，任何一项科研促进或激励措施的出台，首先在于相关政策制定部门“把脉”真实需求，之后再对症下药，切忌为制定政策而出台政策，不了解情况乱制定政策。

2. 科技促进与鼓励措施制定中政府部门的协作问题

任何一项科技促进与鼓励措施的出台，必然牵涉诸多政府职能部门，就既有的科技促进与鼓励措施来看，广泛涉及了科技、财政、发改委、工商、税务、金融、人力资源、教育、信息化与工业、国有资产管理等方方面面，由此，科技促进与鼓励措施的内容往往带有综合性，难以由单一部门通过单独出台应对措施而解决，这就要求加强科技促进与鼓励措施制定过程中的部门沟通与协调，形成必要的工作协作机制。

如税收优惠政策是鼓励科技企业发展的一项重要措施，而涉及税收优惠政策如“高新技术企业认定”、“科技企业研发费用扣除”等政策的制定与实施至少涉及科委、税务、财政等多个职能部门，由此，虽然政策意图是要给予科技主体以优惠，但基于不同的职能分工，各个部门所掌握的标准与要求各有不同、各自的法律或政策依据也不完全一致，如果不在多个政府职能部门之间进行协调，就无法形成具有操作性的支持措施。

此外，在多部门协作共同制定科技促进和鼓励措施的过程中，仅仅有一般性的协作机制仍旧不够，还要强调协作机制的有效性。

在现实中，基于部门职能的分工，一般往往认为科技管理部门应是当然的科技政策协作牵头方，然而现实情况是，由于科技管理部门在政府序列中并非强势部门，因此很难有效地协调财政、税务、金融、发展改革、人事等部门推动科技政策的制定工作，由此还要在一般协作机制之上形成更高层次的协调机构，才能在一定程度上促进有关政策的推动。当然更为有效的方式应当是将相关政策的制定列入地方立法规划，力促其上升法律效力和位阶，这样有助于在后续政策落实环节减少阻滞因素，但现实情况是关于科技政策的立法需求在政府工作中并不能摆到更优先的位置上。

3. 科技促进与鼓励措施的体系结构的合理性：特殊措施与一般措施的关系

科技事业已经随着经济社会生活的发展渗透到各个领域，由此导致相应的科技促进与鼓励措施也不可避免地要下探到相关各个领域，如能源、网络、通信、生物技术、制药、多媒体、装备制造、新材料等每个产业发展中都需要制定与之匹配的促进与激励措施。由此，也导致了带有产业特点的专业性科技促进政策层出不穷，这些政策的出台反映了不同领域科技创新的导向与动态，然而也恰恰由于这些政策的专业性特点较为突出，因此其适用范围和作用空间就较为有限，其在政策出台的过程中政府主管部门的意志性也不是很突出。由于科技前沿领域的技术更新与变革不是政府部门所能掌握的，因此这类政策制定与出台往往更多体现了相关产业技术主体的意志，政府相关部门大多是在了解上述产业发展的态势后，结合自身的职权范围来制定与出台相应的促进或鼓励措施。而且由于这些产业政策的供给需要切合产业发展的市场经济速度，因此这类政策往往是以效力层级较低的政府性规范性文件为载体，从而避免其淹没在繁冗的立法程序中而时过境迁。由此，专注于特殊产业的“追赶型”的政策出台模式是科技领域的一个特点，也牵扯了相关部门的大量时间和精力。

然而，相关科技主管部门也恰恰在制定和出台科技政策中容易陷入一些误区——即认为科技政策就是要体现出不同行业、产业的动态性特点，这才能反映出科技立法部门的工作成效。当然上述思考模式不能说不对，可是，由于科学技术如此广泛地渗透到人们生活的方方面面，究竟哪个产业领域具有更为重要的价值，哪个产业领域的政策应当优先出台，哪个产业领域的科技投入和项目设置应占有更大的比重？诸如此类的问题，实际上是基于某些特定阶段的情势判断，或许某个特定产业获得了某个领导人的关注度较高，它就能优先获得政策支持，因此这就很难说对于这类产业政策之间的优先性的考量所包含的公平性是否有客观的判定标准，当然平均用力也不是一种负责任的态度。

鉴于带有行业性、产业性的科技促进和鼓励措施的局限性，即只是适用于某些相对狭窄的领域，所以其所惠及的“面”会比较窄，如果政策制定部门将主要工作精力集中于此，那么则可能会忽视一些带有普遍性的、能够惠及所有科技产业领域的基础性科技促进与鼓励措施，从而导致具有普适性的、公平性特征的政策供给不足。为此我们认为，在科技促进和鼓励政策的体系建设考量上，相应主管部门应协调好政策体系的结构关系，同时应当优先制定具有基础性、普遍适用性的科技促进和鼓励措施，这将有助于给所有涉及科技产业的研究主体提供公平的待遇。我们认为，带有基础性、普遍性的科技政策或鼓励措施主要包括但不限于以下领域：科技税收优惠政策措施；技术市场交易规则；科技成果转化促进措施；科技金融支持政策措施（融资、股权激励等）；科技普及措施、科技创新条例等等。

4. 科技促进政策措施的简便性

政府相关部门在制定出台科技促进和鼓励政策的过程中，除了要力求找准问题、沟通协作以外，在具体措施的制定中要考虑政策执行的简便性，即降低政策的执行成本，真正为科技主体提供便利。由于传统的政府行为方式更多地着眼于自身行政行为的合法性、程序性、便利性的要求，往往考虑行政相对人的因素较少。在具体政策措施落实中，往往根据自身的需要要求行政相对人提供大量的材料，同时涉及多个部门共同出台的政策时，往往需要政策申请人往返于不同机关，导致大量的成本与精力的投入，这不符合以人为本的理念，也不符合科技工作者的理念和行为方式。科技促进或鼓励措施的出发点是帮助科技主体解决问题、提供方便，但是由于科技政策或措施的落实也需要通过不同的行政管理主体，因此政策制定中要考虑政策适用对象同不同行政管理主体打交道的成本。尤其是在行政许可或行政审批设置中，不必提供的材料不应要求申请人提供，不需设置的环节应尽量减少，能够合并的环节和事项尽量简化，从而真正做到高效、便捷地为科技主体服务。

三、做好政府信息公开工作，为科技创新提供信息服务

促进科技创新需要政府发挥引导作用，其中科技创新政策的运用是政府营造创新环境、引导科技创新的重要手段。2006 年以来，围绕《国家中长期科学和技术发展规划纲要（2006～2020 年）》，国务院出台了 60 条配套政策，有关部门制定出台了 78 项配套政策实施细则，北京市也先后出台了一系列政策，内容涉及科技投入、科技创新基地与平台、技术转移与成果转化、创造和保护知识产权、政府采购等方面。通过对科技创新政策信息的公开，将促进政府相关部门按照各自职能积极履行科技创新促进职责，对政策的有效落实起到间接督促作用，也为科研主体提供一个了解科技政策体系及其实施情况的渠道，提高对政策的关注度和认同感。

然而，随着企业科技创新力度的不断增强，对科技信息服务的需求也在不断提升，传统的文献传递服务已不能满足用户关于科技服务信息获取的便捷性、综合性、系统性和及时性等方面的需求，因此，北京市应当进一步提升科技信息服务水平，应着力在科技服务的信息公开制度、科技信息服务的组织体系、科技信息的服务模式、科技服务信息的载体等有关方面进行适时的改进，以便有力地

推进企业的创新活动，其具体内容应包括以下方面。

（一）建立健全政府信息公开制度

根据《中华人民共和国政府信息公开条例》，信息公开是政府部门的法定义务。根据《条例》规定，除依法不予公开的，凡与人民群众生产、生活和经济社会活动密切相关的，均应予以公开或者依公民、法人或其他组织的申请予以提供。北京市科技管理部门为了提升工作的透明度，促进依法行政工作，已经在上述方面做出了初步的制度探索，例如，北京市科委编制的《北京市科委政府信息公开指南》，该《指南》每年更新一次，公民、法人或者其他组织可以在北京市科委网站上查阅《指南》，也可以到北京市科委政府信息公开受理处获取，为科技信息公开工作提供了基本的制度保障。

（二）明确信息公开范围及要求

政府信息公开工作应严格按照“公开为原则，不公开是例外”的总体要求，遵循严格依法、公开公正、全面真实、及时便民的原则，并编制信息公开目录。除少数涉及国家、商业机密或个人隐私等不宜公开的政府信息外，其余如“组织机构、通知与公告、业务工作最新动态、法律法规及规范性文件、政策解读信息或实施细则、科技创新相关规划信息及执行情况、统计数据及分析解读信息、工作计划、工作总结、公共服务白皮书、部门年度财政预算、财政决算及执行情况”等均应列入信息目录范围，予以公布。此外，对于掌握科技信息的政府管理主体的信息公开义务应进一步明确，应明确科技信息的公开方式、范围、途径，并制定违反上述信息公开的责任追究措施。

（三）拓宽信息公开渠道与公开形式

根据科技创新主体的具体要求，应当进一步拓宽公众及科技活动相关主体获得科技信息的渠道和便捷性。

1. 政府网站

政府科技相关管理部门应高度重视门户网站建设，逐步健全网站栏目，完善公众参与渠道，提高在线办事效率，增进与公众的互动交流。目前科技管理部门开通的门户网站上大多设有通知公告、领导分工、要闻、工作动态、媒体报道、政策法规、规划计划、政府信息公开、依法行政、专题专栏、文献资料、监督投诉等栏目，突显了政府门户网站在政府信息公开中的重要作用。

2. 公共查阅点

市科技管理政府部门应当在服务受理场所设立政府信息公开查阅点和查阅装置。如在行政审批大厅配备触摸屏、资料索取栏、打印复印设备等服务设施，制定并公开服务标准、工作准则等规章制度，为公众及行政服务相对人查阅信息提供便利服务。

3. 其他形式

应积极拓展政府信息公开形式，例如开通官方门户微博、设立电子触摸设备、摆放行政审批事项办理指南、印制发放政府信息公开便民手册、政府信息公开指南等。

（四）统筹科技服务平台建设，促进科技资源共享

北京市是全国科技资源最丰富的地方，也是高校、院所比较集中的地方。长期以来，首都丰富的科技资源存在着封闭、分散、闲置甚至使用不合理的现象，缺乏有效整合和利用。科技创新服务平台是科技创新活动的重要基础和条件保障，建设科技条件平台就是为了解决长期以来存在的由于科技资源利用率低和大量的科技资源还未实现社会化共享、中小企业缺乏相应的创新活动条件等难题。分析其原因主要有两点：一是这些科技条件资源大部分集中在中央和国家在北京市的科研院所及高等院校，而这些单位分属不同的部门，由于管理上条块分割，资源难以聚集，甚至正确统计资源情况都很困难；二是高校院所内部管理制度和机制不健全，不利于科技

资源对外开放。很多单位的仪器设备管理是自下而上的，随着教授和研究员课题而购置，使用权基本上掌握在他们手中。

在内部体制上，高校和院所总体上没有明确开放要求和工作及考核机制；在资质上，实验室没有获得国家认证认可监督管理委员会颁发的相关授权证书、计量认证等资质认定；在个人观念上，实验室的管理人员认为开放仪器设备给他们带来麻烦，不但没收益，而且损耗大；同时高校院所普遍缺乏科技资源经营能力，即便有心让资源开放共享，也缺乏相关的市场能力。科技资源重复建设的情况也时有出现。与此同时，中小企业面临着攻克技术难关有心无力，缺乏科研设备和人才资源的难题。企业的需求与科技资源没形成有效对接，不能满足企业自主创新各个环节的需要；强大的科技资源优势未能转化为企业自主创新的重要支撑力，这是北京市科技工作多年来一直面临的难题。

2004 年，北京市科委启动首都科技条件平台试点建设，经过几年的建设，到 2011 年形成了“小核心大网络”的工作和服务体系，进一步扩大了资源开放的范围和数量，使得开放资源量累计达到 145 亿元，涉及 550 个国家级、北京市级重点实验室和工程中心，共有 7000 多家企业享受到平台的服务，服务合同额达 16 亿元。首都科技条件平台是首都区域创新体系建设中的一项基础工程，它以“撬动科技资源，促进开放共享；服务企业需求，促进社会发展”为宗旨，主要通过激活存量，控制增量，促进北京地区的科技资源对外开放，并实现深度的研发实验服务，提高科技的投入产出比，支撑科技重大专项，支撑企业技术创新，保障“科技北京”行动计划的顺利实施。

四、加强科技活动的评估监督，促进科技投入绩效水平提升

（一）科技监督的概念和作用

监督是科技管理的重要内容，政府行政监督仍是科技监督的主要载体，它主要针对科技行为与监督权力机构进行监督，科技监督的指向主要涉及科研主体（人员、单位）与科技行政管理人员。同时由于科技监督是一种针对性很强的监督，其主要针对科技活动进行中出现的行为失范和失效。由于传统政府偏重于以控制取代监督，其弊端已经逐渐显现，因此以促进科技发展为目的的监督转型成为必然，在这一过程转变中，既要明确政府角色职责的定位，还要构建政府科技监督的体系架构。在以市场经济为基础的科技活动中，政府的职责主要在于促进公平竞争与提供稳定的法治环境，而不是直接参与科技研发活动。在现代社会中，政府科技监督应改变传统的自上而下的监督，应形成上下结合、内外互动的双向监督模式，以发展促进监督。❶

鉴于促进科技发展成为科技监督的基本价值取向，因此政府对科技的监督应以确保科技主体的自主性为限制和前提，维护各类科技主体的活力。结合传统的科技管理体制，政府仍将在监督体系中扮演主导角色，同时科技利益相关者与社会中介组织也可构成补充性监督的重要内容，而科技管理系统内部将发挥基础性监督作用，从而形成上下结合、内外互动的监督层次和局面。为了应对这一科技管理制度变化的新需求，以科技评估为载体的新型政府科技监督模式也应运而生。

---

❶ 李长健，伍文辉："科技发展权：政府科技监督体系建构的新视角"，载《科学管理研究》2007 年第 2 期，第 31 页。

（二）科技评估监督的价值和作用

科技评估是遵循一定的原则、程序和标准，运用科学、可行的方法，对科学技术活动的科学性、可行性和有效性进行评判，为决策提供参考意见的专业化咨询和评判活动。科技评估打破了传统的科技项目筛选、立项、鉴定的格局。项目申报单位、项目管理人员和决策人员，都不得不考虑今后的项目申报水平和质量、项目管理水平和质量、项目决策水平和质量。因此，科技评估对项目的全程管理起到了客观检验和监督的作用。[1] 根据科技活动的时间序列，科技评估监督可分为事先评估、事中评估、事后评估和跟踪评估等四个类别。本节所讨论的科技评估监督主要是事中、事后和跟踪评估。事中评估，是在科技活动实施过程中所进行的监督性评估。着重检验是否按照预定的目标、计划执行，对前面工作的进展与预期效果进行比较，并对未来的发展态势进行预估，以发现问题，调整或修正目标与策略。事后评估，是科技活动完成后进行的评估。重点评估科技活动的目标实现情况以及科技活动的水平、效果和影响。这时由于有了大量数据，便可以进行定量和定性评估。跟踪评估，是科技活动完成一段时间后才会发现的、对其他方面所造成的影响的后效评估。重点评估科技活动的整体效果以及政策执行、目标制定、计划管理等综合影响和经验，从而为后期的科技活动提供参考。

自从20世纪20年代美国开展科技评估活动以来，经过近一个世纪的发展，科技评估已经成为许多国家的政府在项目立项、动态管理和成果验收等方面一个不可缺少的重要环节和手段。为使科技评估活动规范化、制度化和经常化，国家需要在立法上予以保障。美国首先通过立法来保障科技评估的进行，1966年美国众议院的科学研究和发展委员会（SSRD）在世界上首次提出应该在立法部

---

[1] 胡书凯："浅谈科技评估"，载《中国铁路》2001年10期，第12页。

门设立技术评估机构的想法，并提交给众议院表决。1972 年该议案经多次修改后通过，由总统签署后正式成为法律（即技术评估法）。根据该法，国会设立了技术评估的专门机构——技术评估办公室（OTA）。OTA 的主要任务是为美国国会提供深层次的、技术含量较高的科技评估报告。[1] 这类报告是国会及各社会团体进行与技术相关的公共政策分析方面的重要依据。在美国的影响下许多国家纷纷效仿，也都为科技评估制定了相应的法律。如法国政府 1985 年颁布法令，日本政府 1995 年颁布《科学技术基本法》，都确认了科技评估的法律地位。目前通过立法保障科技评估的国家主要有美国、日本、德国、加拿大、丹麦、瑞士、英国、法国、澳大利亚、韩国和马来西亚等；此外，如西班牙、新西兰和泰国等国家也开始着手科技评估的立法工作。[2]

（三）科技评估监督中存在的问题和对策

我国的科技评估活动起步较晚，基础较差。然而经过十几年的不断实践和经验总结，科技评估活动取得了可喜的成绩，但总体来讲仍处于起步阶段，处于逐步规范化、社会化的过程之中。与发达国家相比，在科技评估的立法、评估体系、评估机构及评估专业人员队伍建设、评估程序、评估各个环节的管理、评估理论和方法的研究等方面都存在较大的差距。[3] 在分析和比较国外科技评估发展情况及实践的基础上，可以主要从以下几个方面来改善和推进我国科技评估工作。

---

❶ 曹晟、田大山："美国科技评估立法实践及其对中国的借鉴意义"，载《自然辩证法通讯》2004 年第 6 期，第 58 页。

❷ 刘文忠，刘文军："国外科技评估的几个基本经验"，载《海峡科技与产业》2013 年第 1 期，第 78 页。

❸ 王再进："国外科技评估的历史、现状及其启示"，载《北京航天航空大学学报（社科版）》2006 年第 12 期，第 80 页。

1. 完善法律法规，用立法保障科技评估制度

要使科技评估做到制度化、规范化和经常化，需要国家在立法上给予保障。目前，我国的科技评估还缺乏相应的法规支持，从目前的情况来看，只有科技部颁布的《科技评估管理暂行办法》及科技评估活动的第一个行为规范和技术规范——《科技评估规范》，它们对中国的科技评估活动进行了初步的规范和约束，但作为规范性文件，其法律效力水平较低。该办法从评估类型和范围、组织管理、评估机构和人员、评估程序、法律责任等方面做了具体规定，但该办法在系统性上还存在某些缺陷。为了使科技评估活动能健康有序地发展，需要通过完善立法，重点是将科技评估工作和对政府财政支出的绩效监督工作结合起来，使科技评估工作走上制度化、规范化和经常化的道路。

2. 加强评估方法的使用与研究

目前在美、日等发达国家进行科技评估时，用得较多的是定性分析和定量分析组合的方法，即在专家评议的基础上，结合科学计量学和经济计量学等方法。这些方法互为补充，但是每种方法都有一定的适用范围，应将其结合起来使用。❶ 由于发达国家开展系统科技评估的时间较长，在数据收集与积累、定量分析方法方面日趋成熟，具体指标也较为丰富。❷ 而目前我国基础科学研究的评估工作还远没有形成一套有效的方法。我国通常采用传统的同行评议和文献计量方法等对基础性研究进行评估。实际上，这些方法更适用于应用性研究。基础性研究是一个缓慢积累的过程，研究成果的价值要经过几年甚至十几年才可能出现。基础研究的成果常常直接地表现为全社会共享的公共物品，不可能从市场上得到评价和回报。

---

❶ 马志强，朱永跃："美、日等发达国家科技评估的实践对我国科技评估管理的启示"，载《科学管理研究》2007 年第 12 期，第 123 页。

❷ 徐峰："国外科技评估的特点及对我国的启示"，载《科技管理研究》2007 年第 9 期，第 78 页。

要想预先知道研究在应用方面的产出或者用定量的方法对研究进行评估，常常是十分困难或者根本不可能的。为确保基础性研究评估工作的科学性和准确性，应从系统的观点出发，本着定性与定量结合、长期与短期结合、内部评价与外部评价结合、经济效益评价与社会效益评价结合等原则，综合运用多种方法全面评估基础性研究。

3. 加强人力资源建设和组织建设

科技评估活动是一项要求很高的专业工作，需要有一支长期、稳定、受过系统专业培训的工作队伍和健全的组织机构。相关政府部门应积极推动建立、健全国家、地方和部门三级科技评估组织体系。同时应适时成立全国科技评估协会，发挥社会团体和中介组织的作用。❶ 在人力资源建设方面，专家评议是各国普遍采用的科技评估形式，项目评估成功与否与专家的选择有很大的关系，因而各国十分重视专家网络的建设和专家的选择。发达国家开展科技评估已经很多年，积累了丰富的经验，一些支持设施如数据库、网络都很健全。而我国的科技评估活动刚刚起步，目前还缺乏有经验的评估者，也缺乏一种渠道，使有能力的评估专家参与到评估工作中来。所以，评估专家的人力资源建设非常重要。应当在培养和吸引高层次的评估专家的基础上建立专家库，同时，还应当优化评估人员结构。评估人员既要有技术专家，还要根据项目的特点和类型选择管理、经济、环境、战略、法律等专家，使科技研究与使用更好地结合，充分发挥实效。❷

4. 增加评估透明度

通过公开、透明的评估标准、程序和评估结果，接受各方面的

❶ 马志强，朱永跃："美、日等发达国家科技评估的实践对我国科技评估管理的启示"，载《科学管理研究》2007 年第 12 期，第 124 页。

❷ 王再进："国外科技评估的历史、现状及其启示"，载《北京航天航空大学学报（社科版）》2006 年第 12 期，第 81 页。

监督，可以得到公众的支持和认可，有利于科技事业的长期发展。评估机构要事先制定和公布评估方案，使各方面的人士都能充分了解评估的内容。对于不涉及国家机密又与国民的公共利益相关的项目和政策，应当使所有关心这一问题的人有机会获得相关的信息，甚至有机会发表自己的见解。为了提高公众获得评估信息的能力，政府要致力于建设评估数据平台。评估报告的形式和内容以及最终决定评估结果的数据要便于一般公众获得、理解和分析。

5. 重视评估结果

目前我国科技评估的结论缺乏影响力，不被有关部门重视，使得科技评估工作难以发挥其应有的作用，这也是导致我国科技评估发展缓慢的一个重要原因。在政府决策过程中要加强对评估结果的使用，并使人们能清楚地看到政府是如何使用评估结果、使用的程度如何，以便更好地推动我国科技评估工作的发展。[1]

[1] 曹晟、田大山："美国科技评估立法实践及其对中国的借鉴意义"，载《自然辩证法通讯》2004 年第 6 期，第 59 页。

第五章　科技北京的司法保障

为深入贯彻全国科技创新会议精神和党中央、国务院《关于深化科技体制改革　加快国家创新体系建设的意见》，2012 年最高人民法院印发了《关于充分发挥审判职能作用为深化科技体制改革和加快国家创新体系建设提供司法保障的意见》。意见要求各级人民法院高度重视与科技成果孕育、创造、流转、转化相关的案件审理，遏制侵犯科技成果权的违法犯罪行为，规范和引导技术创新活动，积极营造有利于科技创新的司法环境，为深化科技体制改革和加快国家创新体系建设提供有力的司法保障。司法保障是指通过法律制裁各种侵权行为，保障公民的权利。我国通过建立以宪法为核心、以立法保障与司法保障为主要内容的权利保障体制，保护公民的权利。意见为完善科技创新的法制保障机制，加强科技创新的司法保障提供了新的契机。为响应和贯彻最高人民法院提出的司法保障要求，北京市司法系统主动出击，紧紧围绕科技北京的战略部署，积极开展司法体制改革，融入加快转变经济发展方式、实现“两个率先”[1] 目标的科学发展大局中，切实找准切入点和结合点，充分发挥打击、预防、监督、教育、保护职能，努力为打造科技北京提供司法保障。

---

[1] 2010 年 12 月，中共北京市委十届八次全会审议通过北京“十二五”规划建议，明确提出了“两个率先”的具体目标，即率先形成创新驱动的发展格局、率先形成城乡经济社会发展一体化新格局。

一、发挥司法在科技创新中的能动作用

能动司法是新时期人民法院为大局服务的客观要求。在当代中国语境中，所谓能动司法是指，法官不应仅仅消极被动地坐堂办案，不顾后果地刻板适用法律；在尚处于形成进程中的中国司法制度限制内，法官可以并应充分发挥个人的积极性和智慧，通过审判以及司法主导的各种替代纠纷解决方法，有效解决社会各种复杂的纠纷和案件，努力做到“案结事了”，实现司法的政治效果、社会效果和法律效果的统一。从我国司法制度的本质属性和现实国情来看，能动司法更加符合当代中国经济社会发展的现实需求。人民法院工作的指导思想是“三个至上”，工作主题是“为大局服务、为人民司法”，根本出路是科学发展，我国司法制度的本质属性和现实国情决定了司法体系的整体运转就不能是被动应付，而应该是能动司法。充分调动每一位司法干警的积极性和创造性，使之自觉自愿投身到“为大局服务、为人民司法”的大潮之中，并能主动担当司法责任和使命，是能动司法的前提基础。程式化的个案审理执行模式，一贯要求司法干警的整齐划一，然而经济社会的发展变化、矛盾纠纷的凸显却不是按照设定的模式出现，这就需要每位司法干警在“三个至上”指导下，充分发挥个体智慧，并以之为事业。只有这样，能动司法才有了原动力，才不失为以人为本。[1]

北京市各级人民法院坚持“为大局服务，为人民司法”的工作方针，紧紧围绕“社会矛盾化解、社会管理创新、公正廉洁司法”的工作重点，深入司法改革，充分发挥司法在科技创新中的

[1] 孙涛：“能动司法是司法运行规律的本质所在”，载《人民法院报》，2009年9月1日第5版，http://old.chinacourt.org/html/article/200909/04/372606.shtml，访问日期：2013年7月2日。

能动作用，提高司法保障能力，加大对科技创新活动和科技创新成果的法律保护力度，依法惩治侵犯知识产权和科技成果的违法犯罪行为，为首都的科技创新营造良好的法治环境。

（一）推行能动司法，增强司法服务意识

我国正处在全面建设小康社会的关键时期和深化改革开放、加快转变经济发展方式的攻坚时期。科技在经济社会发展中的作用日益凸显，国际科技竞争与合作不断加强，新科技革命和全球产业变革步伐加快，我国科技发展面临重要战略机遇和严峻挑战。抓住机遇大幅提升自主创新能力，激发社会创造活力，真正实现创新驱动发展，迫切需要进一步深化科技体制改革，加快国家创新体系建设。深化科技体制改革和加快国家创新体系建设与人民法院知识产权审判及其他有关审判工作关系密切，北京市各级人民法院牢固树立机遇意识、忧患意识、责任意识，立足审判职能，找准人民法院服务科技改革大局的结合点和切入点，进一步增强工作的针对性和有效性，能动司法，积极作为，切实增强服务、深化科技体制改革和加快国家创新体系建设的责任感和使命感。

（二）发挥司法审判职能，推动科技体制改革

充分发挥审判职能作用，延伸服务职能，妥善审理涉及科技创新产业事业的案件，加强司法审判人员业务素质，夯实服务根基。提升审判质量，树立服务标杆。深化科技体制改革和加快国家创新体系建设，要求突出企业技术创新的主体作用，强化产、学、研、用紧密结合，促进科技资源开放共享，各类创新主体协同合作。面对新形势、新要求，北京市各级人民法院以激励创新源泉、增强创新活力、发展创新文化为导向，高度重视与科技成果孕育、创造相关的案件审理，遏制侵犯科技成果权的违法犯罪行为，有效激励自主创新和技术跨越；高度重视与科技成果流转、转化相关的案件审理，规范和引导技术创新活动，积极推动科技与经济社会发展紧密

结合；高度重视与综合采取各种有力措施，积极营造有利于科技创新的司法环境，促进智力成果创造、运用和管理水平的提高，为深化科技体制改革和加快国家创新体系建设提供有力的司法保障。

（三）加大司法保护力度，激励自主创新

在科技案件的审理中，人民法院应切实贯彻加强保护、分门别类和宽严适度的知识产权司法政策，根据原始创新、集成创新和引进消化吸收再创新的实际和特点，进一步完善专利等科技成果司法保护体系和裁判标准；依法履行对专利授权确权行为的司法审查职责，不断提高专利授权确权的质量和效率，积极鼓励发明创造；加强工业设计司法保护，激发设计人员的创作热情，积极推进我国工业设计和制造水平的深刻变革；依法明晰技术成果归属，既激励企业职工从事技术创新的积极性，又鼓励企业加大研发投入，增强社会创造活力；妥善处理专利与标准的关系，实现标准和技术创新的互相促进和良性循环，共同提高创新主体的核心竞争力；依法制止科技领域的不正当竞争和垄断行为，营造公平有序的创新环境，促进创新资源的合理配置和高效利用；加强商业秘密司法保护，维护合法正当的创新秩序；加大农业科技成果保护力度，促进农业科技创新；加强科技领域的商标权司法保护，发挥知名品牌凝聚创新要素和整合创新资源的品牌效应；加大涉及科技领域和商业领域的著作权保护力度，推进科技创新、文化创新和新兴产业发展；充分发挥涉科技领域的司法审查职能，积极营造促进科技创新的执法环境。充分发挥刑罚功能，严惩侵犯知识产权犯罪。要依法促进创新要素合理配置，积极推动科技与经济社会发展紧密结合。

（四）合理审判促进创新要素配置

北京市各级人民法院切实贯彻加强保护、分门别类、集成创新和引进消化吸收再创新的实际和特点，妥善处理各种技术合同纠纷，促进科技成果转化为现实生产力和市场竞争力；妥善处理科技

领域的劳动、人事纠纷，保障科技人才合理流动；妥善处理科技领域的企业改制、破产纠纷，优化创新主体运作机制；妥善处理科技领域的金融纠纷，促进对科技创新的金融支持；妥善处理科技领域的涉外纠纷，促进科技国际合作与交流，为促进创新要素的合理配置，推动科技与经济社会发展紧密结合提供司法保障。

（五）积极统筹协调，提高司法保障能力

对于科技纠纷案件，要加大调解力度，不断完善多元纠纷解决机制。知识产权保护统筹协调力度不断增强，保护体系建设开创新局面。北京市知识产权保护工作紧密结合发展实际，不断加大知识产权保护的统筹协调力度，积极推动首都知识产权保护工程的顺利实施，并积极完善知识产权审判体制和工作机制，不断满足科技创新对知识产权司法保护的新需求。在加强知识产权司法保护的同时，积极推动知识产权创造、运用和管理，密切关注科技体制改革和国家创新体系建设带来的新情况、新问题，及时发布司法解释和司法政策，增强司法服务的针对性和前瞻性，及时总结成熟可行的司法经验，向立法机关和国家有关部门提出立法建议，推动激励创新的法律体系不断完善，打击侵犯知识产权专项行动深入开展，推动知识产权执法保护工作再上新台阶。

二、科技北京建设过程中的司法保障现状

在我国法律保护体系中，科技创新知识产权司法保护以其具有的稳定性、专属性、效力终极性、公平优先性及规范性等特点，从无到有、从发挥司法保护知识权的主渠道作用到发挥司法保护知识产权的主导作用，我国科技创新知识产权司法保护水平上了一个新的台阶，成为当今社会解决知识产权纠纷最重要、最有效的方法和

途径。[1] 为在科技北京建设过程中充分发挥司法保护职能，北京司法系统针对科技创新知识产权司法保护进行了一系列改革措施。

（一）北京市检察机关应对科技北京司法保障的工作进展

为提升知识产权检察监督能力，服务于国家创新驱动发展战略，北京市各级检察机关对知识产权案件以刑事、民事、行政“三合一”方式进行立体监督的创新工作机制，积极构建知识产权检察为国家创新发展大局服务的长效机制。北京市各级检察机关通过依法惩处侵犯知识产权等犯罪，努力服务和保障率先形成创新驱动的发展格局。

北京市的产业结构中科技以服务为主，商品一般由外地生产供应。普遍存在“南产北销”的现象。特别是北京市中关村地区，作为全国最大的电子产品交易集散地，客观上为假冒商品的销售提供了极大方便。侵权的手法多样，而且越来越隐蔽。不法分子制假贩假有向普通居民小区和城市郊区或农村等隐秘地点转移的趋势。一些不法分子还通过开设网店，利用电子商务低价销售假冒伪劣产品。有些合法的交易平台被不法分子利用，成为侵犯知识产权犯罪的途径。电子商务平台已成知识产权案件高发区。对此，北京市人民检察院深入开展了打击侵权知识产权和制售假冒伪劣商品犯罪专项行动，仅2011年1月至10月，共批准逮捕相关案件154件，涉案379人，加强了对知识产权的保护和对相关犯罪的打击的力度。[2] 2011年4月，北京市海淀区人民检察院成立了知识产权检察处，整合审查批捕、起诉、民事行政检察职能，专门办理侵犯知识产权案件，打击侵犯知识产权和制售假冒伪劣商品犯罪，加强与中

[1] 张华：“科技创新知识产权的司法保护”，载《科技进步与对策》2011年第6期，第112页。

[2] 肖志涛：“电子商务平台已成知识产权案件高发区”，载中国广播网，http://www.people.com.cn/h/2011/1206/c25408-1-2155935292.html，访问时间：2011年12月6日。

关村管委会、高科技企业的联系，提升保护知识产权、保障科技创新的能力和水平。这不仅是北京市检察机关，也是全国检察机关首家知识产权检察处。

2013 年 8 月，北京市人民检察院一分院与中关村科技园区管理委员会建立沟通联络机制，积极服务中关村国家自主创新示范区建设。各区县人民检察院积极探索服务和保障高新技术产业发展的新途径，制定出台工作意见，完善专业化办案模式，加强与行业协会、公安、法院的沟通协调，提升治法办案水平，努力为首都重点功能区建设、新兴产业发展创造良好的环境。

（二）北京市各级人民法院应对科技北京司法保障的改革

北京市人民法院针对文化产业发展迅速、涉文化产业纠纷数量持续增多、类型不断更新的特点，紧密围绕发挥知识产权审判职能作用推动科技北京建设这一主线开展工作，依法制裁侵犯著作权、商标权、专利权等知识产权的行为，鼓励自主创新，促进创新成果的推广应用；努力提高知识产权审判人员业务素质，创新审判工作方法，先后审理了多起科技创新领域有典型意义的精品案件，为推进首都文化繁荣、创新、发展做出了积极贡献；发挥知识产权审判职能，加强知识产权司法保护，促进首都率先形成创新驱动的发展格局。通过审判工作，推动确立知识产权司法保护新标准。北京市作为文化中心城市，与技术创新和文化创意产业相关的新类型知识产权案件不断出现。全市人民法院通过具体案件的处理明确了权利界限，在全国人民法院中发挥了示范作用，为修订相关法律和司法解释提供了依据。

1. 加强科技案件纠纷审判制度建设

为了适应科技体制改革和国家创新体系建设对于知识产权审判专业化程度要求越来越高的新形势，北京市各级人民法院积极开展知识产权案件诉讼管辖模式改革，科学配置知识产权司法保护审判模式，进一步推进由知识产权审判庭集中审理知识产权民事、行政和刑事案件的试点工作，加强对试点工作的指导和总结，不断推动试点工作规范化。根据科技创新对知识产权司法保护的新需求，统筹规划知识产权审判管辖布局。在科技成果司法保护需求强烈的国家自主创新示范区、国家高新技术产业开发区、国家高技术产业基地等区域，适当增加具有审理专利、植物新品种、集成电路布图设计等技术类案件管辖权的第一审法院，在具有特色创新资源的区域适当增加具有审理一般知识产权案件管辖权的基层法院，保障创新资源密集的区域率先实现创新驱动发展。

（1）改革知识产权案件审判方式。

北京市高级人民法院《关于知识产权审判方式改革的几点意见（试行）》对知识产权案件审判中的证件交换、证据听证、证据保全制度作了规定。

①关于庭前证据交换制度。

庭前证据交换制度，是指在正式开庭前，案件当事人在法院主持下，将各自提交的证据进行交换，供对方当事人查阅、辨认并发表意见，以便为庭审质证做好准备的一种制度。

第一，适用范围。所有知识产权案件均可实行庭前证据交换。进行交换的证据，一般限定在可复制的范围内，如书证。

第二，证据交换通知。法院在受理一、二审案件后，应分别向双方当事人递交《当事人须知》，明确告知当事人在一定期限内（根据案情证据情况酌定）提交证据并与对方当事人进行交换。

第三，证据提交和登记。当事人应按对方人数及法院的要求提交证据材料和副本。法院在收取证据时应出具证据登记表，内容包括证据名称、证明对象、提交证据时间、页数和份数等，由书记员和当事人共同签字盖章，一式两份，一份交当事人、一份附卷。

第四，证据交换。法院将当事人提交的证据材料副本送达当事人，并制作交换证据登记表，由书记员和当事人签字盖章，一式两份，一份交当事人、一份附卷。

第五，证据交换期限。证据交换应在正式开庭的七天前完成。

当事人在开庭时提交新证据的，是否在本次开庭时当庭质证应征求对方当事人意见，对方当事人不同意当庭质证的，则对该证据当庭不予质证，待下一次开庭继续进行法庭调查。当事人庭后提交的证据，仍应进行证据交换，令对方当事人对该证据表明意见，如果系关键证据，必要时应二次开庭。

②关于庭前证据听证制度。

庭前证据听证制度，是指对一些证据量大、专业性强的复杂、疑难案件，在正式开庭前由法院主持，在双方当事人参与下对证据进行筛选、甄别和解释、说明，以提高质证、认证效率的制度。

第一，适用范围。对证据数量大或涉及专业技术问题的案件可适用庭前证据听证。

第二，证据听证时间。证据听证的时间，应在双方当事人证据交换完毕，正式庭审之前一个月至半个月的时间内进行。

第三，证据听证的内容。

a. 证据的清理。由当事人对证据作简要说明，法官初步审查所举证据与案件事实的关联性，剔除无关证据，要求补充有关证据。当事人对法院的初步审查意见有异议的，法院应尊重当事人意见。

b. 证据的归纳。即对证据进行整理分类。证据数量较大的，可以要求当事人按照时间顺序或所证明的事实进行排列；证据比较分散的，可以要求当事人根据证据间的关系和要证明的事实进行分类；同一事实有多个证据的，可以要求当事人按照所要证明的事实进行分类。

c. 证据的解释。即由当事人对证据本身及要证明的内容进行阐述和说明，尤其是对涉及专业技术问题的证据，应要求当事人介绍相关技术背景知识，在必要情况下可以进行简单的演示。

d. 证据的初步质证。征询当事人意见，将证据分为有异议的和无异议的两类，对无异议的证据法院可直接予以认定并以笔录形式予以确认，庭审中不再进行质证。

③关于鉴定。

知识产权案件涉及科学技术各个领域和文学艺术各个方面，而且很多情况下处于科学文化的前沿，很难由某个单位或某个部门作出一项结论性意见。为保证鉴定的科学、公正和权威，应当遵循完整、规范的鉴定程序。

第一，鉴定部门的选择。鉴定部门可以按照以下方式确定：a. 当事人在合同中约定的验收部门或机构；b. 与当事人争议的技术成果有关的法定鉴定部门；c. 双方当事人均认可的机构；d. 由当事人各自提出的带有权威性的专家共同组成的鉴定组；e. 由各级科技主管部门推荐或指定的带有权威性的专业部门或单位；f. 法院指定的有关部门和机构。

第二，鉴定的范围。

技术合同纠纷案件：技术开发合同履行失败是否属于风险责任；技术转让合同标的是否成熟、实用；各种技术合同履行结果是否符合约定或法定技术标准。

专利侵权案件：专利技术与被控侵权产品或方法的技术特征比较。

专利行政案件：发明创造的新颖性、创造性、实用性。

版权侵权案件：作品与被控侵权物表达的比较。

侵犯商业秘密案件：技术秘密的秘密性、新颖性以及与被控侵权技术的对比。

第三，鉴定依据。

对技术合同标的进行鉴定，以当事人在合同中约定的验收标准为依据；当事人在合同中对技术成果的验收标准没有约定或约定不明的，按照国家标准或专业技术标准组织鉴定；没有标准的按该行业合乎实用的一般标准组织鉴定。

对专利侵权案件的鉴定，以专利权利要求书、说明书及其附图和被控侵权物为依据。

对著作权侵权案件的鉴定，以权利人主张权利的作品与被控侵权的作品为依据。

对侵犯商业秘密案件的鉴定，以权利人提出的技术秘密的范围、内容与被控侵权的技术为依据。

第四，鉴定的方式。

a. 委托有关机构鉴定。市高级法院已指定有鉴定部门的，委托指定的鉴定部门鉴定。

b. 当事人在合同中约定了验收方式的，按当事人约定的验收方式组织鉴定。

c. 对当事人在合同中约定了明确的验收标准或技术标准，技术本身不很复杂的，可以采取当事人自我鉴定的方法，即在法院主持下，由当事人直接进行操作、演示、实施，并将自我鉴定的全部过程记录在案。

d. 专家评议，即由同领域专家对与技术合同标的有关的技术资料，以书面形式进行审查，人民法院可以直接组织专家评议。必要时可以向当事人进行询问，然后作出评价，并由组织鉴定的单位汇总后作出结论。

e. 当事人同意的其他方式进行鉴定。由有关机构鉴定的，应要求鉴定机构出示书面鉴定意见，并提出详细的资料依据。

第五，鉴定的程序。

a. 案件是否需要进行鉴定，应根据案情需要和当事人的申请来确定。当事人申请鉴定的，由法院决定；法院认为必须鉴定的，应向当事人讲明理由。

b. 鉴定机构或鉴定人员确定后，应告知当事人。鉴定的具体时间、程序、内容也应事先告知当事人。

c. 由有关机构进行鉴定的，法院应向其出具委托鉴定书及与鉴定有关的材料。在委托鉴定书中，应明确提出需要鉴定的事项和要求，告知鉴定机构或鉴定人员对鉴定的内容负有保密义务。

d. 鉴定结束后，鉴定中所涉及的全部材料，包括报告、图纸资料、样品、样机等，应全部收回。

第六，重新鉴定。在下列情况下法院可以决定重新鉴定：a. 有新的证据足以推翻原鉴定结论的。b. 鉴定人在鉴定中有违法行为，弄虚作假，或者与当事人串通致使已通过的鉴定结论不真实、不合法的。

第七，鉴定结论的质证。鉴定应在正式开庭前完成。鉴定的结论应向当事人公开，并允许当事人提出不同意见，作出辩解。鉴定结论允许当事人质询，鉴定人应给予明确解释。鉴定结论是据以查明案情的重要证据，必须经过开庭质证。

④关于证据保全。

知识产权的客体具有无形性，体现在证据问题上就表现出一些区别于其他有形财产案件的特点。因此在知识产权诉讼当中当事人取证很困难，要证明所取证据的真实性和取证过程的合法性就更为困难，人民法院应采取证据保全的措施搜集证据。

第一，证据保全的提出。证据保全根据当事人的申请采取，当事人可以在起诉的同时或诉讼进行当中以书面方式提出证据保全申请，申请书应说明要求证据保全的理由、保全范围并提供证据线索。

第二，对申请的审查。

a. 证据保全理由充分。采取证据保全应符合以下条件：必须是“证据有可能灭失或难以取得”的情况下才能采取。

b. 证据保全范围明确。证据保全应有一个明确的范围，不能模糊笼统，更不能准许申请人现场指认。

c. 有适当的证据线索。在适用证据保全措施时，既要注意及时保密以免证据灭失，给申请人带来难以挽回的损失，又要注意严格审查，防止申请人滥用诉权侵害被申请人的合法权益。

第三，证据保全的方式。证据保全可以采取查封、扣押等形式，能够复制的，可以对证据当场复印扣押副本。另外可以采取现场勘验的方法，以笔录或录音、录像等手段将证据予以固定。

第四，证据保全的担保。证据保全可能会给被申请人带来经济损失，或者涉及有经济价值的物品，应要求申请人提供担保，拒不提供担保的，裁定驳回其申请。

（2）完善知识产权鉴定制度。

2005 年北京市高级人民法院《关于知识产权司法鉴定若干问题的规定（试行）》的通知，对知识产权司法鉴定作出了规定。2012 年北京市高级人民法院《关于规范委托知识产权司法鉴定工作的通知》规定案件需要委托司法鉴定机构进行司法鉴定的，可先由当事人协商，在高级人民法院下发的知识产权司法鉴定机构名册范围内选择确定；当事人选择一致的，由案件承办法院自行委托该机构进行司法鉴定；当事人不同意协商或选择不一致的，各级法院应当填写《司法鉴定移送表》，由各院诉服办专人负责将相关材料报送市高级法院，由市高级法院在名册范围内随机确定司法鉴定机构。

（3）调整知识产权案件级别管辖制度。

北京市高级人民法院结合科技北京建设过程中科技纠纷的审判实践，在充分调查研究的基础上，2008 年 6 月北京市高级人民法院向北京市各级人民法院下发了《关于北京市各级人民法院受理第一审知识产权民事纠纷案件级别管辖的规定》，对北京市各级人民法院受理第一审知识产权民事纠纷案件级别管辖作出明确规定：

基层人民法院可以管辖普通知识产权民事纠纷案件，另有规定的除外；或者上级人民法院指定或者交由其审理的知识产权民事纠纷案件。中级人民法院交由基层人民法院审理的知识产权民事纠纷案件应当同时具备如下条件：①案件不涉及专利权（专利实施许可合同除外）、植物新品种权、集成电路布图设计专有权、发明权、发现权及其他科技成果权，或者不属于确认不侵权纠纷或垄断纠纷；②诉讼标的额不超过 1000 万元；③案情简单、社会影响不大；④非涉外、涉港澳台案件。

中级人民法院管辖的案件：

①知识产权合同纠纷案件，包括：第一，诉讼标的额在 1000

万元以上不满2亿元的涉及专利实施许可、著作权、商标权、商业秘密、技术合同、特许经营合同、企业名称（商号）、特殊标志、计算机网络域名的知识产权合同纠纷案件；第二，诉讼标的额不满2亿元的涉及专利申请权转让、专利权转让、专利代理的知识产权合同纠纷案件；第三，诉讼标的额不满2亿元的涉及植物新品种、集成电路布图设计的知识产权合同纠纷案件。

②知识产权权属、侵权纠纷案件，包括：第一，诉讼标的额在1000万元以上不满2亿元的涉及著作权、商标权、计算机网络域名的知识产权权属或侵权纠纷案件，侵犯企业名称（商号）权、特殊标志专有权的知识产权侵权纠纷案件以及不正当竞争纠纷案件；第二，诉讼标的额不满2亿元的涉及专利权、植物新品种权、集成电路布图设计的专有权的知识产权权属或侵权纠纷案件；第三，诉讼标的额不满2亿元的涉及发现权、发明权、其他科技成果权以及垄断的知识产权民事纠纷案件；第四，确认不侵权的纠纷案件；第五，诉讼标的额不满2亿元的涉及专利权、集成电路布图设计的因申请临时措施损害赔偿纠纷案件；第六，诉讼标的额在1000万元以上不满2亿元的涉及商标权、著作权的因申请临时措施损害赔偿纠纷案件。

③适用特殊程序的案件：第一，涉及金额不满2亿元的有关专利权、集成电路布图设计的申请诉前停止侵权、诉前财产保全、诉前证据保全案件；第二，涉及金额在1000万元以上不满2亿元的有关商标权、著作权的申请诉前停止侵权、诉前财产保全、诉前证据保全案件。

④诉讼标的额在500万元以上不满1亿元的、当事人一方住所地不在本辖区的知识产权民事纠纷案件；

⑤诉讼标的额不满1亿元的涉外、涉港澳台的知识产权民事纠纷案件；

⑥上级法院指定或者交由其审理的知识产权民事纠纷案件；

⑦认为有必要由本院审理的基层法院管辖的知识产权民事纠纷

案件或者基层法院报请移送并经批准的知识产权民事纠纷案件。

高级人民法院管辖的案件：

①诉讼标的额在2亿元以上的知识产权民事纠纷案件，以及诉讼标的额在1亿元以上，且当事人一方住所地不在本辖区或者涉外、涉港澳台的知识产权民事纠纷案件；

②最高人民法院指定或者交由其审理的知识产权民事纠纷案件；

③认为有必要由本院审理的下级法院管辖的知识产权民事纠纷案件或者下级人民法院报请移送并经批准的知识产权民事纠纷案件。

基层人民法院受理知识产权民事案件的诉讼标的额上限由2002年的250万元调整为2008年的1000万元，级别管辖的调整使得大量知识产权案件下放。与此相应，北京市基层人民法院知识产权审判机构逐步设立，2002年，北京市仅朝阳区人民法院和海淀区人民法院设立知识产权庭。2007年，东城区、西城区、丰台区成立知识产权庭。2009年，崇文区、宣武区、石景山区、昌平区成立知识产权庭。2011年，怀柔区、大兴区、顺义区成立知识产权庭。目前，北京市共10家基层人民法院成立知识产权庭。基层人民法院知识产权审判力量的加强分担了中级人民法院一审案件的审判压力，也逐步形成与首都经济社会发展相适应、更合理的审判格局。[1]

2011年8月25日，北京市高级人民法院民三庭负责人宣读了最高人民法院《关于同意指定北京市海淀区人民法院开展试点审理专利纠纷案件的批复》，正式宣布海淀区人民法院对部分专利民事纠纷案件的管辖权。海淀区人民法院审理辖区内诉讼标的额在

[1] 陈锦川、张雪松、周波、亓蕾："北京知识产权审判十年大盘点"，载人民网，http：//ip. people. com. cn/n/2012/0803/c136655 - 18661388 - 1. html，访问时间：2013年11月12日。

500 万元以下，以及诉讼标的额在 500 万元以上 1000 万元以下且当事人住所地均在北京市高级人民法院辖区的第一审实用新型专利和外观设计专利纠纷案件；侵犯专利权纠纷案件；假冒他人专利纠纷案件；职务发明创造发明人、设计人奖励、报酬纠纷案件；诉前申请停止侵权、财产保全、证据保全案件；发明人、设计人资格纠纷案件；其他专利纠纷案件等九类案件。

（4）知识产权纠纷司法委托调解制度。

随着首都经济社会的发展和知识产权保护意识的不断提升，知识产权纠纷案件量迅猛增长，审理难度不断加大，各种疑难复杂的专业技术问题以及各种新情况、新问题层出不穷，迫切需要建立一个以司法保护为主导，行政机关、社会组织等各方面力量相互配合的多元化知识产权纠纷解决机制。

知识产权纠纷司法委托调解工作是北京市贯彻落实最高人民法院《关于建立健全诉讼与非诉讼相衔接的矛盾纠纷解决机制的若干意见》精神，充分发挥各方面的力量，多渠道化解知识产权纠纷的一种探索和尝试。北京司法系统通过委托调解、联合协作等方式，积极落实与中国互联网协会调解中心、中国作家协会、北京市知识产权局等单位建立的纠纷化解机制。坚持以“调解优先、调判结合”为原则，以“案结事了”为目标，根据科技创新的特点和实际，积极引导当事人选择委托调解、专家调解、行业调解等方式解决科技领域的各类纠纷。从有利于科技成果转化出发，着眼于当事人市场利益的包容共存，努力促成当事人和解。对于相关科技行业亟需明确行为规则的典型案件，依法及时裁判，明确法律标准，充分发挥司法裁判的指引和导向功能。

2011 年 7 月，北京市高级人民法院与市知识产权局共同签署的《知识产权纠纷委托调解合作协议》，共同致力于构建并运行一套具有首都特色的诉讼与非诉讼相互衔接的工作机制，根据合作协议，市高级人民法院和市知识产权局负责该合作机制的统筹指导，北京市保护知识产权举报投诉服务中心（北京 12330）负责承办具体工作。开展知识产权纠纷司法委托调解工作是市高级人民法院与市知识产权局深入开展“社会矛盾化解，社会管理创新，公正廉洁执法”三项重点工作的具体行动，是市知识产权局协助市高级人民法院落实最高人民法院关于建立诉讼与非诉讼相衔接的矛盾纠纷解决机制部署而采取的一项重要举措，是进一步加大知识产权司法保护力度的重点工作任务。

2011 年 8 月 25 日，中国（北京）保护知识产权网组织召开知识产权纠纷司法委托调解工作沟通会。中国人民大学、最高人民法院、北京市工商局、版权局、知识产权局、高级人民法院等单位的十余名专家、学者参加会议。11 月 21 日，北京市高级人民法院和北京市知识产权局联合举办北京市首批知识产权纠纷司法委托调解组织发布仪式暨委托调解工作对接会，向社会公开发布首批知识产权纠纷调解组织名录。首批公布的调解组织从“十二五”时期北京市重点发展的战略性新兴产业相关行业协会中选出，共 7 家，即北京电子商会、北京服装纺织协会、北京软件行业协会、北京信息产业协会、北京通信信息协会、北京电源行业协会、北京商标协会。北京市各级人民法院审理各类知识产权纠纷案件，在正式立案前或审理过程中，在当事人自愿基础上，委托上述行业协会进行调解。达成调解协议的，当事人可以申请有管辖权的人民法院依法确认其效力。

北京“12330”作为司法委托调解工作具体协调和组织者，在市高级人民法院和市知识产权局的统筹指导下，完善知识产权纠纷司法委托调解各项工作，加强对调解组织的指导和培训，规范委托调解流程；同时，加大宣传力度，调动更多的行业协会、社会组织积极参与，构建一个以司法行政部门为主导，社会组织广泛参与的多元化知识产权纠纷解决机制。2012 年 7 月，北京“12330”组织召开了北京市知识产权纠纷司法委托调解工作对接会。市高级人民法院、市知识产权局、第一中级人民法院、第二中级人民法院及朝阳区、海淀区人民法院知识产权庭的负责人参加会议。[1] 司法委托调解工作启动一年来，北京“12330”在借鉴外省市工作经验的基础上，进一步完善了调解工作流程，建立了知识产权纠纷调解工作室，深度参与、指导相关行业协会规范开展委托调解工作。司法委托调解工作在创新审判模式、缓解审判压力、保证审判专业性方面具有重要作用。未来北京“12330”应立足首都知识产权审判工作特点和政治、文化中心的功能定位，不断扩大相关行业协会的参与范围；健全和完善委托调解工作流程等制度设计，确保调解工作的规范性、实效性。

（5）规范电子商务侵害知识产权纠纷审理。

近年来，由于互联网技术的发展和商业模式的创新，我国电子商务产业迅猛发展。在电子商务产业发展过程中，知识产权保护问题日益突出，已经成为影响电子商务产业健康发展的重要问题。侵害电子商务知识产权纠纷案件的审理过程中出现大量新问题，为了解决北京市各级法院在审判实践中的难题，统一北京市各级法院的裁判标准，2013 年 2 月北京市高级人民法院在深入调研和广泛征求意见的基础上制定了《关于审理电子商务侵害知识产权纠纷案件若干问题的解答》（以下简称《电子商务解答》），以规范北京市各级法院电子商务侵害知识产权纠纷案件的审理，这是我国法院首个审理电子商务知识产权案件的专门规范。

《电子商务解答》共 16 条，对审理电子商务侵害知识产权纠纷案件的基本原则、侵权责任、赔偿要件等进行了规定。主要内容包括：确立了电子商务平台经营者的“避风港”。《电子商务解答》规定电子商务平台经营者一般情况不承担交易信息合法性的监控义务，不能仅因电子商务平台经营者按照相关管理要求进行交易信息

---

[1] 佚名：“北京召开知识产权纠纷司法委托调解工作对接会”，载千龙网，http：//finance. qianlong. com/30055/2012/08/06/2530@8155807. htm，访问时间：2013 年 8 月 6 日。

合法性的事前监控，或者客观上存在网络卖家利用其网络服务侵害他人知识产权的行为，就当然认定电子商务平台经营者知道侵权行为存在。《电子商务解答》明确了审理电子商务侵害知识产权纠纷案件的基本思路。根据《电子商务解答》的规定，电子商务平台经营者赔偿责任的承担，首先应判断电子商务平台是否直接提供被控侵权交易信息或直接从事行为，是交易方还是为交易信息的公开传播提供网络中间服务的网络服务提供者，再进一步判断电子商务交易平台经营者是否应当承担赔偿责任；明确了电子商务平台经营者承担赔偿责任的基本要件，即知道侵权事实而未及时采取必要措施，对司法审判人员审理案件具有具体指导作用；对于知道的认定，又明确了两个基本要件，即明知或应知被控侵权交易信息通过其网络服务进行传播，明知或应知被控侵权交易信息或相应交易行为侵害他人知识产权；细化了通知删除规则，对电子商务企业和权利人的知识产权保护具有指引作用。《电子商务解答》对于通知的条件、采取必要措施的条件以及反通知等进行了具体的规定，有利于电子商务企业和权利人及时、准确地预防和制止侵权行为。[1]

（6）统一专利侵权判定方法。

2013 年 9 月，北京市高级人民法院向北京各级人民法院发布《专利侵权判定指南》（以下简称《指南》），对发明、实用新型专利保护范围的确定明确了应当对专利权人作为权利依据所主张的相关权利要求进行解释。解释原则为：专利权有效原则、折衷原则、整体原则。

《指南》明确规定了发明、实用新型专利权的侵权判定方法，对各级人民法院专利侵权裁判起到指导作用。

①技术特征的比对方法。

---

[1] 石必胜、赵岩："北京高院规范电子商务侵害知识产权纠纷审理"，载中国法院网，http：//www. chinacourt. org/article/detail/2013/02/id/893193. shtml，访问时间：2013 年 6 月 20 日。

第一，判定被诉侵权技术方案是否落入专利权的保护范围，应当审查权利人主张的权利要求所记载的全部技术特征，并以权利要求中记载的全部技术特征与被诉侵权技术方案所对应的全部技术特征逐一进行比较；被诉侵权技术方案包含与权利要求记载的全部技术特征相同或者等同的技术特征的，应当认定其落入专利权保护范围；被诉侵权技术方案的技术特征与权利要求记载的全部技术特征相比，缺少权利要求记载的一个或多个技术特征，或者有一个或一个以上技术特征不相同也不等同的，应当认定其没有落入专利权保护范围。第二，进行侵权判定，不应以专利产品与被诉侵权技术方案直接进行比对，但专利产品可以用以帮助理解有关技术特征与技术方案。第三，权利人、被诉侵权人均有专利权时，一般不能将双方专利产品或者双方专利的权利要求进行比对。第四，对产品发明或者实用新型进行专利侵权判定比对，一般不考虑被诉侵权技术方案与专利技术是否为相同技术领域。

②相同侵权。

第一，相同侵权，即文字含义上的侵权，是指被诉侵权技术方案包含了与权利要求记载的全部技术特征相同的对应技术特征。第二，当权利要求中记载的技术特征采用上位概念特征，而被诉侵权技术方案的相应技术特征采用的是相应的下位概念特征时，则被诉侵权技术方案落入专利权保护范围。第三，被诉侵权技术方案在包含了权利要求中的全部技术特征的基础上，又增加了新的技术特征的，仍然落入专利权保护范围。但是，如果权利要求中的文字表述已将增加的新的技术特征排除在外，则不应当认为被诉侵权技术方案落入该权利要求的保护范围。第四，对于组合物的封闭式权利要求，被诉侵权技术方案在包含权利要求中的全部技术特征的基础上，又增加了新的技术特征的，则不落入专利权保护范围。但是，被诉侵权技术方案中新增加的技术特征对组合物的性质和技术效果未产生实质性影响或该特征属于不可避免的常规数量杂质的情况除外。第五，对于包含功能性特征的权利要求，如果被诉侵权技术方案不但实现了与该特征相同的功能，而且实现该功能的结构、步骤与专利说明书中记载的具体实施方式所确定的结构、步骤相同的，则被诉侵权技术方案落入专利权保护范围。第六，在后获得专利权的发明或实用新型是对在先发明或实用新型专利的改进，在后专利的某项权利要求记载了在先专利某项权利要求中记载的全部技术特征，又增加了另外的技术特征的，在后专利属于从属专利。实施从属专利落入在先专利的保护范围。

③等同侵权。

第一，在专利侵权判定中，在相同侵权不成立的情况下，应当判断是否构成等同侵权。第二，等同侵权，是指被诉侵权技术方案有一个或者一个以上技术特征与权利要求中的相应技术特征从字面上看不相同，但是属于等同特征，应当认定被诉侵权技术方案落入专利权保护范围。第三，等同特征，是指与权利要求所记载的技术特征以基本相同的手段，实现基本相同的功能，达到基本相同的效果，并且所属技术领域的普通技术人员无需经过创造性劳动就能够想到的技术特征。第四，基本相同的手段，一般是指在被诉侵权行为发生日前专利所属技术领域惯常替换的技术特征以及工作原理基本相同的技术特征。申请日后出现的、工作原理与专利技术特征不同的技术特征，属于被诉侵权行为发生日所属技术领域普通技术人员容易想到的替换特征，可以认定为基本相同的手段。第五，基本相同的功能，是指被诉侵权技术方案中的替换手段所起的作用与权利要求对应技术特征在专利技术方案中所起的作用基本上是相同的。第六，基本相同的效果，一般是指被诉侵权技术方案中的替换手段所达到的效果与权利要求对应技术特征的技术效果无实质性差异。被诉侵权技术方案中的替换手段相对于权利要求对应技术特征在技术效果上不属于明显提高或者降低的，应当认为属于无实质性差异。第七，无需经过创造性劳动就能够想到，即对所属技术领域的普通技术人员而言，被诉侵权技术方案中替换手段与权利要求对应技术特征相互替换是显而易见的。第八，对手段、功能、效果以及是否需要创造性劳动应当依次进行判断。第九，等同特征的替换应当是具体的、对应的技术特征之间的替换，而不是完整技术方案之间的替换。第十，等同特征，可以是权利要求中的若干技术特征对应于被诉侵权技术方案中的一个技术特征，也可以是权利要求中的一个技术特征对应于被诉侵权技术方案中的若干技术特征的组合。第十一，等同特征替换，既包括对权利要求中区别技术特征的替换，也包括对权利要求前序部分中的技术特征的替换。第十二，判定被诉侵权技术方案的技术特征与权利要求的技术特征是否等同的时间点，应当以被诉侵权行为发生日为界限。第十三，权利要求与被诉侵权技术方案存在多个等同特征的，如果该多个等同特征的叠加导致被诉侵权技术方案形成了与权利要求技术构思不同的技术方案，或者被诉侵权技术方案取得了预料不到的技术效果的，则一般不宜认定构成等同侵权。第十四，对于包含功能性特征的权利要求，如果被诉侵权技术方案相应技术特征不但实现了相同的功能，而且实现该功能的结构、步骤与专利说明书中记载的具体实施方式所确定的结构、步骤等同的，应当认定构成等同特征。上述等同的判断时间点应当为专利申请日。第十五，对于包含有数值范围的专利技术方案，如果被诉侵权技术方案所使用的数值与权利要求记载的相应数值不同的，不应认定构成等同。但专利权人能够证明被诉侵权技术方案所使用的数值，在技术效果上与权利要求中记载的数值无实质差异的，应当认定构成等同。第十六，对于仅在说明书或者附图中描述而在权利要求中未概括的技术方案，应视为专利权人放弃了该技术方案。专利权人以等同侵权为由主张专利权保护范围包括该技术方案的，不予支持。被诉侵权技术方案属于说明书中明确排除的技术方案，专利权人主张构成等同侵权的，不予支持。第十七，对被诉侵权技术方案中的技术特征与权利要求中的技术特征是否等同进行判断时，被诉侵权人可以专利权人对该等同特征已经放弃、应当禁止其反悔为由进行抗辩。禁止反悔，是指在专利授权或者无效程序中，专利申请人或专利权人通过对权利要求、说明书的修改或者意见陈述的方式，对权利要求的保护范围作了限制或者部分放弃，从而在侵犯专利权诉讼中，在确定是否构成等同侵权时，禁止专利申请人或专利权人将已放弃的内容重新纳入专利权保护范围。第十八，专利申请人或专利权人限制或者部分放弃的保护范围，应当是基于克服缺乏新颖性或创造性、缺少必要技术特征和权利要求得不到说明书的支持以及说明书未充分公开等不能获得授权的实质性缺陷的需要。专利申请人或专利权人不能说明其修改专利文件原因的，可以推定其修改是为克服获得授权的实质性缺陷。第十九，专利权人对权利要求保护范围所作的部分放弃必须是明示的，而且已经被记录在书面陈述、专利审查档案、生效的法律文书中。第二十，禁止反悔的适用以被诉侵权人提出请求为前提，并由被诉侵权人提供专利申请人或专利权人反悔的相应证据。在人民法院依法取得记载有专利权人反悔的证据的情况下，可以根据业已查明的事实，通过适用禁止反悔对权利要求的保护范围予以必要的限制，合理确定专利权保护范围。

④外观设计专利权的侵权判定方法。

《指南》中同时明确规定了外观设计专利权的侵权判定方法。

第一，在与外观设计产品相同或者相近种类产品上，采用与授权外观设计相同或者相近似外观设计的，应当认定被诉侵权外观设计落入外观设计专利的保护范围。

第二，进行外观设计侵权判定，应当用授权公告中表示该外观设计的图片或者照片与被诉侵权外观设计或者体现被诉侵权外观设计的图片或者照片进行比较，而不应以专利权人提交的外观设计专利产品实物与被诉侵权外观设计进行比较。但是，该专利产品实物与表示在专利公告文件的图片或照片中的外观设计产品完全一致，或者与专利权人应国务院专利行政部门在专利申请程序中为更清楚地了解图片或照片中的内容而要求提交的样品或者模型完全一致，并且各方当事人均无异议的除外。

第三，进行外观设计侵权判定，应当通过一般消费者的视觉进行直接观察对比，不应通过放大镜、显微镜等其他工具进行比较。但是，如果表示在图片或者照片中的产品外观设计在申请专利时是经过放大的，则在侵权比对时也应将被控侵权产品进行相应放大进行比对。

第四，进行外观设计侵权判定，应当首先审查被诉侵权产品与外观设计产品是否属于相同或者相近种类产品。

第五，应当根据外观设计产品的用途（使用目的、使用状态），认定产品种类是否相同或者相近。确定产品的用途时，可以按照下列顺序参考相关因素综合确定：外观设计的简要说明、国际外观设计分类表、产品的功能以及产品销售、实际使用的情况等因素。如果外观设计产品与被诉侵权外观设计产品的用途（使用目的、使用状态）没有共同性，则外观设计产品与被诉侵权产品不属于相同或者相近种类产品。

第六，判定是否侵犯外观设计专利权，应当以是否相同或者相近似为标准，而不以是否构成一般消费者混淆、误认为标准。

第七，应当以外观设计专利产品的一般消费者的知识水平和认知能力，判断外观设计是否相同或者近似，而不应以该外观设计专利所属技术领域的普通设计人员的观察能力为标准。

第八，一般消费者，是一种假设的“人”，对其应当从知识水平和认知能力两方面进行界定。一般消费者的知识水平是指，他通常对外观设计专利申请日之前相同种类或者相近种类产品的外观设计及其常用设计手法具有常识性的了解。一般消费者的认知能力是指，他通常对外观设计产品之间在形状、图案以及色彩上的区别具有一定的分辨力，但不会注意到产品的形状、图案以及色彩的微小变化。对外观设计产品的一般消费者的知识水平和认知能力作出具体界定时，应当针对具体的外观设计产品，并考虑申请日前该外观设计产品的设计发展过程。

第九，判断外观设计是否相同或相近似时，不应以外观设计创作者的主观看法为准，而应以一般消费者的视觉效果为准。

第十，判断外观设计是否构成相同或相近似时以整体观察、综合判断为原则，即应当对授权外观设计、被诉侵权设计可视部分的全部设计特征进行观察、对能够影响产品外观设计整体视觉效果的所有因素进行综合考虑后作出判断。

下列情形通常对外观设计的整体视觉效果更具有影响：a. 产品正常使用时容易被直接观察到的部位相对于其他部位；b. 外观设计区别于现有设计的设计特征相对于外观设计的其他设计特征。

第十一，被诉侵权设计与授权外观设计在整体视觉效果上无差异的，应当认定两者相同；在整体视觉效果上无实质性差异的，应当认定两者构成相近似。具体而言：a. 如果两者的形状、图案、色彩等整体上的视觉效果无差异，则应当认为两者构成相同；b. 如果两者的形状、图案、色彩等整体上的视觉效果不完全相同，但是没有明显差异的，则应当认为两者相近似；c. 如果两者的形状、图案、色彩等整体上的视觉效果不同，且有明显差异的，则应当认为两者不相同且不相近似。

第十二，在判断相同或相近似时，由产品功能、技术效果决定的设计特征不予考虑。由产品功能、技术效果决定的设计特征，是指实现产品功能、技术效果的有限或者唯一的设计。

第十三，对于立体产品的外观设计，通常形状对整体视觉效果更具有影响，在进行相同、相近似判断时，应以形状为重点；但如果其形状属于惯常设计，则图案、色彩对整体视觉效果更具有影响。

惯常设计，是指现有设计中一般消费者所熟知的、只要提到产品名称就能想到的相应设计。

第十四，对于平面产品的外观设计，通常图案、色彩对整体视觉效果更具有影响，在进行相同、相近似判断时，应以图案、色彩为重点。

第十五，对要求保护色彩的外观设计，应当先确定该外观设计是否属于惯常设计，如果是惯常设计，则应当仅对其图案、色彩作出判定；如果形状、图案、色彩均为新设计，则应当对形状、图案、色彩三者的结合作出判定。

第十六，将不透明材料替换为透明材料，或者将透明材料替换为不透明材料，且仅属于材料特征的变换，未导致产品外观设计发生明显变化的，在判断外观设计的相同、相近似时，应不予考虑。但是，如果透明材料使得该产品外观设计的美感发生了变化，导致一般消费者对该产品的整体视觉发生变化的，则应当予以考虑。

被诉侵权产品系将不透明材料替换为透明材料，通过透明材料可以观察到产品内部结构，则内部结构应当视为该产品的外观设计的一部分。

第十七，专利权人、被诉侵权人的外观设计专利申请均已被授权，且专利权人的外观设计专利的申请日早于被诉侵权人的外观设计专利的申请日，如果被诉侵权人的外观设计与专利权人的外观设计构成相同或相近似的，则可以认定被诉侵权人实施其外观设计专利的行为，侵犯了在先的外观设计专利权。

上述侵权判定指南的发布，为专利侵权审判中法官的裁判提供了详细依据，有力地保障了科技侵权纠纷的正确裁判。

2. 提升科技案件司法服务意识

科技创新知识产权司法保护担负着调节创新关系、保护创新成果、激励自主创新、规制知识产权滥用和促进知识产权文化建设的特殊职责。在加强知识产权司法保护的同时，北京市司法系统根据科技北京建设的实践需要，不断完善司法服务措施，努力营造便捷高效的司法保护环境，密切关注科技体制改革和国家创新体系建设带来的新情况、新问题，及时发布司法解释和司法政策，增强司法服务的针对性和前瞻性，协助推动知识产权的创造、运用和管理。高度重视通过审判工作发现影响和制约科技创新的普遍性、苗头性问题，及时向政府、企业、科研机构等有关方面提出司法建议，促进加强管理、健全制度。大力加强对关键技术领域科技创新可能产生重大影响的诉讼态势分析，及时向有关方面发出工作预警，形成保护创新的合力。加强宣传和舆论引导，充分发挥人民法院的法制宣传教育职能，增强全社会的创新意识。

（1）加强司法审判人员业务素质，夯实服务根基。妥善审理涉及科技创新产业事业的案件，审判人员的业务素质是根本。科技创新产业发展迅速，新问题层出不穷，知识产权审判人员的业务能力更是受到严峻考验，而审判人员外出接受培训的机会又相对有限。正是出于这种考虑，北京市第二中级人民法院民五庭推出了“轮训共学”的业务学习机制，搭建平台供外出接受培训的审判人员将培训成果进行分享，实现“一人参训，多人受益”的良性效果。在此基础上，该院民五庭又针对文化产业领域类型化案件增多、文化创新与科技发展结合日益紧密的趋势，开展内容更为丰富的“法官讲坛”活动，以不同类型案件的审理思路、调解思路、文化产业发展中的高新技术知识等为主题，由庭内审判人员作为主讲人，对本庭人员进行业务培训和交流，内容涉及互联网开放平台、视频分享网站、光盘复制企业侵权、计算机软件最终用户侵权等与文化发展息息相关的内容。“轮训共学”的业务学习机制和“法官讲坛”的平台，再加上定期的业务讨论、文书互评互议、庭审光盘集中观摩点评和一审案例分析讲评等业务交流活动，让民五庭审判人员的业务知识能够随着文化创新和科技发展而快速发展，审判人员之间也能够加强沟通交流，互相取长补短，青年审判员能够更直接地学习到老审判员的审判经验，为文化发展的司法保障夯实了根基。

（2）树立服务标杆，提升审判质量。科技创新产业案件示范效应强，社会公众看的不只是这一个案件如何审理，而是看涉文化企业如何维权，甚至能通过司法保护力度看出整个产业的发展趋势，所以对庭审和案件整体质量要求都非常高。审判实践中，面对全国首例互联网电视被诉侵犯著作权案、国内输入法软件纠纷第一案、全国首例“家庭多媒体中心播放器”侵害著作权纠纷案以及北京市首例涉及古诗词体算术题的侵犯著作权纠纷案、首例涉及专利说明书的著作权侵权纠纷案、3Q大战不正当竞争纠纷案、首例涉团购网站商标侵权纠纷案等这样的类型新颖、社会关注度高的案件，北京市法院总是在打造精品庭审、精品文书和精品案件工作上下功夫、做文章，通过自身的审判工作让社会公众明白什么样的行为是合法的，什么样的行为是非法的，努力促进文化产业的健康发展。经过司法裁判的典型案件对树立司法权威，引领科技创新产业健康发展，往往具有标杆作用，法院通过充分做好庭前准备，在“审”上狠下功夫，发挥合议庭整体功能，并建立健全考评机制和总结分享传承经验等“五步走”模式努力打造精品庭审。[1]

此外，北京市第二中级人民法院还创新“三人技术组、五人合议庭”审判机制，解决包括发明专利权纠纷、计算机软件著作权纠纷在内的复杂技术类案件，建立起类型化案件相对集中审理制度，并通过多环节管控案件质量，提升案件审理质效等举措，合力打造出一批精品案件。2012年，民五庭先后审理了多起以美国苹果公司为被告的侵害著作权纠纷系列案，该系列案件涉及“苹果应用程序商店（APP STORE)”、“作家维权联盟”等社会公众关注度极高的热门话题，又面临涉外送达、管辖权异议等诸多程序。为此，他们在正确分析苹果应用程序商店的运营模式，准确认定各主体责任基础上，依法果断做出了认定苹果公司侵权的判决。其中，全额支持了中国大百科全书出版社有限公司关于经济损失赔偿的诉讼请求，受到社会各界的广泛好评。

（3）提倡调解，彰显服务意识。“争，则两败俱伤；和，则共赢发展”，面对知识产权纠纷的现实，北京市各级人民法院司法审判人员都把做好每起案件的调解工作作为服务首都文化创新发展的实际行动，为做好知识产权案件调解工作，北京市第二中级人民法

[1] 张娜、冯刚、崔宁：“北京二中院知识产权审判服务首都文化产业调查”，载《人民法院报》2013年4月25日，http：//rmfyb. chinacourt. org/paper/html/2013－04/25/content_ 62244. htm，访问时间：2013年7月6日。

院创新提出了“五梯次”知识产权案件调解模式，从调解工作的人员、对象、阶段、流程和方法五个层面分别形成梯次，努力化解以涉文化产业纠纷为代表的各类知识产权纠纷。近年来，他们运用该模式进行调解，调解撤诉率始终保持在较高水平，其中一审案件调解率连续八年超过 50%，全部实现调解案件的自动履行。

针对文化产业中创业企业较多，对行业协会等组织的依赖程度较大的特点，他们注重发挥行业组织的示范和引领作用优势，借助行业组织参与调解。同时，借此为行业其他成员树立良好的示范和引领作用，达到诉讼预警效果。在多起涉及游戏软件的侵害信息网络传播权系列案件中，因双方当事人均属软件行业企业，在征得双方当事人的同意后，合议庭通过北京市知识产权维权援助中心，委托北京市软件行业协会对这些案件进行调解。原被告双方达成和解协议，使得案件短时间可以得到圆满解决，既节约了审判资源，又促进了企业的和谐发展，取得了当事双方共赢的效果。

（4）深入科技创业园区，延伸司法服务职能。由于文化产品的易复制性，仿冒、盗版层出不穷，一部分创新主体在开发和推广产品时缺乏知识产权保护意识，而在面对侵权时，不仅不知道如何维护自己的合法权益，还影响了自己的创新积极性。作为司法审判人员，在案件审理过程中，只能根据法律规定行使有限的释明权，难以在深层次上为文化企业把脉问诊，北京市各级人民法院积极推进送法进企业作为延伸审判职能，服务首都文化产业发展创新的具体行动。他们能动司法服务的对象，既有综合性的文化创意产业集聚区，也有专业性的动漫产业园区；既有刚刚创业的小微文化企业，也有科研院所、博物馆院这样的大型文化事业单位。司法实践中，除针对企业需求开展主题授课、召开座谈会、组织普法宣传等活动外，还强调以喜闻乐见的互动形式提供司法服务。这种互动性强、方便快捷、贴近企业工作需求的能动司法形式，受到了创意企业的普遍欢迎，也增强了司法审判人员服务保障科技北京建设的责任感。

三、科技北京司法保障体系的完善

多年来，北京市各级法院积极发挥知识产权审判职能，加强知识产权司法保护，促进首都率先形成创新驱动的发展格局：一是依法制裁侵犯著作权、商标权、专利权等知识产权的行为，鼓励自主创新，促进创新成果的推广应用。二是依法审理以国家专利复审委员会、商标评审委员会为被告的专利、商标行政案件。此类案件全部由北京市人民法院管辖，相关法院充分发挥司法审查职能，切实履行了我国加入世贸组织所作的承诺，2008～2012 年审结此类案件 13386 件。三是通过审判工作，推动确立知识产权司法保护新标准。北京市作为文化中心城市，与技术创新和文化创意产业相关的新类型知识产权案件不断出现。全市人民法院通过具体案件的处理明确了权利界限，在全国人民法院发挥了示范作用，为修订相关法律和司法解释提供了依据。[1] 从 2002 年到 2011 年，北京市人民法院审理知识产权案件数量逐年增长，始终占全国人民法院受理和审结一审民事案件总数的 10% 以上。一些大案要案受到世界关注，成为全国人民法院知识产权审判的典范。目前，北京市高新技术司法保护工作在全国已具有一定影响，起到了示范的作用。北京市人民法院通过审理的知识产权纠纷案件所确立的一系列审判原则和表现出较高的审判水平，对审判实践具有较强的指导意义。由于北京市高级人民法院重视知识产权案件的审判效率，使案件及时得到审结，有效地保护了权利人的合法权益。

随着我国加入世界贸易组织及知识产权修改法的实施，人民法院受理的知识产权案件数量大幅增长、类型增多。近年来，北京市

[1] 池强：“北京市高级人民法院工作报告”，载《北京日报》2013 年 2 月 19 日，http：//www. bjd. com. cn/10zhuanti/2013bjlh/bgjd/201302/22/t20130222 _ 3525083. htm，访问时间：2013 年 3 月 20 日。

因有关知识产权引发的案件呈以下特点：第一，知识产权引起的争议数额愈来愈大。因一本书引发的侵权案争议赔偿金额已经由过去的几百元上升到几百万元；而一张照片的侵权赔偿额现在则可能高达数十万元。第二，案件涉及的领域变宽。20 世纪 90 年代末以来，随着网络经济的飞速发展，北京市各级人民法院相继受理了一批与数字技术和网络应用有关的著作权纠纷案件以及网络域名与商标权冲突的知识产权纠纷案件，如王蒙诉世纪互联通讯技术有限公司侵犯著作权案、荷兰英特艾基系统有限公司诉北京国网信息有限公司计算机网络域名纠纷案等等。第三，涉外案件及案件总数激增。据统计，北京市人民法院 2012 年受理一审知识产权民事、专利、商标授权确权行政案件 11305 件，审结 11213 件。全市检察机关受理审查逮捕涉嫌侵犯知识产权犯罪案件共 980 件 1453 人，批准逮捕 233 件 325 人；受理审查起诉涉嫌侵犯知识产权犯罪案件共 668 件 973 人，起诉 602 件 768 人。公安部门共破获知识产权领域犯罪案件 1729 件，收缴侵权盗版出版物 40 余万张（册），各类假冒名牌产品涉案金额 3 亿余元。专利执法部门受理专利侵权纠纷 57 件，立案查处假冒专利案件 25 件。商标监管部门共办理商标假冒侵权案件 1318 件，其中涉外案件 511 件，案值 1437 万元，罚款 1462 万元。文化执法部门立案 1220 件，结案 1151 件，罚款 603 万元，收缴各类非法出版物、音像制品 200 万余件。北京市海关查获侵犯知识产权商品 1079 批次，立案 47 起，累计查获侵权商品 42000 余件，案值 171 万元。[1] 北京市高级人民法院表示，随着我国加入世界贸易组织、外贸体制的改革及法制的健全，今后我国外贸公司与生产企业将会有不少有关因过去外贸代理中发生的权利分割及归属的纠纷，各级企业应引起重视，以防造成不必要的经济

[1] 王巍："2012 北京知识产权情况通报假名牌服装涉案 3 亿"，载《法制晚报》2013 年 4 月 10 日，http：//news. qq. com/a/20130410/001141. htm，访问时间：2013 年 6 月 8 日。

损失。

科技北京建设对充分发挥北京司法的知识产权司法保护职能提出了更新、更高的要求，北京市高级人民法院多举措促进科技北京司法保障体系的完善，争做科技北京司法保障后盾。针对知识产权审判将继续把“正确行使自由裁量权、统一司法标准、增强司法公信力”作为加强调研督导工作的指导原则，坚持调研和督导并重，具体做好以下工作：一是完善大要案、新类型案件和关联案件的报送协调机制。制定上述案件的上报流程，规范上报程序，建立相应的汇报协商机制。基层法院应重视知识产权案件审判法律效果和社会效果的有机统一，重视执法裁判标准的统一。二是联合调研，以督导促调研。针对重点调研课题或专项调研课题，联合三级法院共同调研，发挥各级法院的调研优势，市高级人民法院可在调研基础上形成规范性指导意见，更好地指导审判实践。三是联合调解，形成合力。各级法院之间通过加强案件信息沟通，对于同一权利人起诉的相关案件，可以联合调解，最大限度地化解纠纷矛盾。四是市高级人民法院通过组织精品案件交流、发布，发挥案例指导作用，为同一司法标准搭建平台，努力在一定程度上弥补成文法过于原则或相对滞后的弊端。[1] 总体而言，北京市司法系统应从改革现有司法制度和提高司法审判人员素质两方面着手，完善科技北京的司法保障体系。

（一）完善科技纠纷司法审判制度

由于我国司法保护知识产权的制度不够健全和完善，司法保护的作用还远远没有充分发挥，这直接影响了权利人通过司法途径维权的积极性。

---

[1] 陈锦川、张雪松、周波、亓蕾：“北京知识产权审判十年大盘点”，载人民网，http：//ip. people. com. cn/n/2012/0803/c136655 - 18661388 - 1. html，访问时间：2013年11月12日。

1. 科技纠纷司法审判中存在的主要问题

目前科技纠纷司法审判中存在的主要问题有以下几点：

（1）立案门槛高。民事诉讼法规定起诉必须有明确的被告。在审判实践中，人民法院还要求原告提供被告的地址和联系方式。然而，知识产权侵权的隐蔽性较强，再加上网络信息容易造假的特点，权利人在起诉时有时甚至不知道侵权人的真实身份，无法确定明确的被告。在权利人不具备诉讼的必要条件时，权利人则更倾向于到立案门槛低的行政机关去寻求保护。

（2）举证责任重。在民事诉讼程序中，法院对各方当事人的利益必须采取“平等保护”，处于中立裁判地位的法院不可能帮助一方当事人举证。因此，原告的举证责任较重，不仅要证明自己是享有涉案知识产权的权利人，还要举证证明被控侵权行为确实存在，一旦证据未形成完整的证据链或者证据本身存在瑕疵，就要承担败诉的风险。此外，知识产权的维权普遍依赖于权利来源的公证和侵权行为的公证，而我国目前的公证——尤其是网络侵权公证并不规范，存在较大瑕疵的公证不一定会被法院采信，这也为权利人的诉讼维权带来了风险。

（3）维权成本高。权利人通过诉讼方式维权，不仅要预缴诉讼费，还要承担调查取证的费用和出庭的差旅费，如果聘请律师要承担律师费，申请诉前禁令、证据保全和财产保全的，一般还要提供财产担保。虽然法律规定了诉讼费由败诉方承担，赔偿范围包括了合理支出和律师费，但一旦遇上诉讼能力较强的被告，权利人败诉的诉讼风险也随之增高，维权成本也往往会随之提高。在举证不足的情况下，权利人甚至会出现“赢了官司输了钱”的极端情况，这都影响了权利人通过诉讼方式维权的积极性。

（4）诉讼周期长。由于知识产权案件的专业性较强，为保证审判质量，知识产权民事一审案件的审理期限为六个月，再加上送达时间、上诉期限、案件移送时间和二审三个月的审理期限，一个案件的审理周期往往会长达一年甚至更长，这还不包括因公告、鉴定、中止审理和其他情况延长审理期限所需的时间。部分诉讼经验丰富的被告，还会通过提出管辖权异议并上诉、躲避法院送达传票和文书、利用调解机会假意磋商等各种方式拖延诉讼，增加原告的诉讼成本和诉累。因此知识产权案件诉讼周期过长，必然会损害权利人寻求司法保护的积极性。

（5）诉前保护弱。由于诉讼的周期较长，为及时制止侵权行为，防止被控侵权人毁灭证据、转移财产，我国的知识产权法律规定了诉前禁令、诉前证据保全和诉前财产保全制度，但是，我国诉前保护制度实施的情况并不理想。司法保护始终坚持的是一种对各方当事人的“平等保护”，为防止申请人滥用诉前保护的权利对被控侵权人造成难以弥补的损失，法院对于诉前保护持有慎重运用的态度，会严格审查申请人的主体资格、权利来源和侵权的证据以及提供担保的情况等是否符合条件。尤其是诉前禁令，法院一般只有在申请人的权利比较稳定且认定侵权的可能性较大的情况下才会准许。当被申请人不配合执行时，往往需要被控侵权产品的销售者、传播者、使用者以及海关、工商部门等单位或个人协助法院执行。然而，对于协助人的协助义务，法律并未作出明确规定，这无疑给诉前保护措施的执行留下了隐患，导致法院的执行力受到影响，尤其是异地执行的难度较大，执行效果不佳。

2. 北京市科技纠纷司法审判制度的完善

如何改进和完善人民法院的知识产权审判制度，充分发挥司法保护知识产权的主导作用，是当前北京市科技成果司法保护有待研究和解决的首要问题。北京市主要从以下六个方面对科技纠纷司法审判制度进行了完善：

（1）设立专门审判机构，拉动知识产权司法保护需求。

在知识产权司法保护方面，《知识产权战略纲要》第 45 条强调“研究设置统一受理知识产权民事、行政和刑事案件的专门知识产权法庭。研究适当集中专利等技术性较强案件的审理管辖权问题，探索建立知识产权上诉法院”。[1] 目前，我国有 6 个高级人民法院、74 个中级人民法院和 80 个基层人民法院实行知识产权“三合一”试点。实践证明，知识产权审判“三合一”，能够有效统一裁判标准，避免裁判冲突，能够优化知识产权审判资源，实现对知识产权多重救济和全面保护。知识产权审判“三合一”符合国际发展趋势，也是加强知识产权司法保护的重点。[2] 鉴于此，建议在知识产权审判“三审合一”或“二审合一”改革经验的基础上，以北京市高级人民法院、北京市第一中级人民法院的知识产权审判庭为基础，逐步探索组建审理特定类型知识产权案件的专门知识产权法院。设立专门的审判机构对司法需求的增幅起到了明显的拉动作用，这被称为司法需求的“机构效应”。据统计，我国在设立专门的经济审判庭、行政审判庭和海事法院之后的十年内，受理的经济纠纷案件、行政案件和海事案件的数量增长了约十倍甚至更多。这一现象在知识产权审判领域同样存在。

（2）优化管辖格局，简化救济程序。

在知识产权案件数量较少、人民法院缺乏此类案件审理经验的初级阶段，为积累审判经验，保证审判质量，最高人民法院将知识产权一审民事案件提级到了中级人民法院集中管辖。然而，经过这么多年的发展，网络科学技术已经普及，知识产权案件数量大幅增长，人民法院的审判力量也不断增强。早在 2000 年，北京各级人民法院就已经适用简易程序审理部分知识产权民事纠纷案件。到目前为止，已经完全有条件优化案件管辖的格局，将专利、集成电路布图设计、植物新品种之外的专业性并非很强的一般知识产权民事案件下放到更多的基层法院管辖，并在符合法律规定的情况下适用

---

[1] 杨志祥、梅术文、龙龙：“我国知识产权司法保护体制改革的探索与完善”，载《东岳论丛》2012 年第 11 期。

[2] 袁定波：“160 家法院试点知产审判改革，已具专设法院条件”，载《法制日报》2013 年 12 月 4 日，http：//www. chinadaily. com. cn/hqgj/jryw/2013 - 12 - 04/content_ 10736702. html，访问日期：2013 年 8 月 2 日。

简易程序审理，以简化救济程序，缩短维权周期，降低维权成本，方便当事人诉讼，减轻当事人诉累，提高当事人需求司法保护的积极性。

（3）加强诉前保护，及时制止侵权。

西方发达国家并未采取行政保护的模式，但对知识产权的保护仍然及时有效，其中一个重要的原因在于这些国家的法院充分发挥了诉前禁令、诉前证据保全、诉前财产保全等诉前保护措施的优势，及时制止了侵权行为，防止了被控侵权人毁灭证据或转移财产。在北京市司法保护实践中，利用诉前保护措施的数量不多，对权利人的保护显得比较有限。因此，完善诉前保护制度，加强诉前保护力度，可以大大减少权利人对行政保护的依赖，从而充分发挥司法保护知识产权的整体优势。当前，北京市司法系统亟待加强知识产权的诉前保护，并着重在三个方面做好工作：一是诉前保护措施在执行中需要协助执行的情形；二是协助执行人协助法院执行的相关义务；三是有义务协助执行的单位或个人拒不协助执行的法律后果。

（4）合理分配举证责任，保障当事人权利。

知识产权案件具有权利本体的无形性、权利来源的流转性、侵权行为的隐蔽性以及侵权事实难以固定等特点，如果要求原告承担过重的举证责任，必将为维权造成障碍。只有公平、合理、科学地分配举证责任，才能切实保障原告的权利。最高人民法院《关于审理著作权民事纠纷案件适用法律若干问题的解释》第 7 条规定，当事人提供的涉及著作权的底稿、原件、合法出版物、著作权登记证书、认证机构出具的证明、取得权利的合同等，可以作为证据。据此规定，如果原告提供了上述证据，就可以视为完成了初步证明其享有权利的举证义务，如果对方当事人提出相反意见，应当承担举证责任予以证明。在其他类型的侵犯知识产权案件中，在分配举证责任时也应当依法充分保障原告的权利，即便证据存在轻微瑕疵，也可以根据优势证据原则认定相关事实。

（5）坚持全面赔偿原则，加大侵权代价。

加强知识产权的保护应当是一种司法态度和司法保护的基本定位，即在法律范围内，或者在符合法律原则和精神的条件下，应以加强保护为导向。若知识产权的保护力度过低，权利人无法得到有效的赔偿，必然没有诉讼维权的积极性。人民法院应当强化知识产权保护意识，采取积极措施，坚持全面赔偿原则，适度加大知识产权损害赔偿力度，切实加大侵权代价，打击侵权行为。在不直接涉及公共利益的情况下，人民法院酌定的损害赔偿数额，要本着有利于加强知识产权保护的原则，做出有利于加强权利保护的判断，切实起到激励创新的效果和作用。

（6）进一步统一裁判尺度，增强裁判确定性。

当事人对人民法院的信任，在相当程度上来源于人民法院裁判结果的确定性，只有可以比较确定地预见到自己的权利会获得什么样的保护，当事人才会积极行使诉权。然而，法律往往是落后于社会生活的发展的，这在科学技术含量很高的知识产权领域尤其突出。面对不断涌现的新问题，法院出现了裁判尺度不统一的现象。同样一部影片，有的人民法院认定原告享有权利，有的人民法院却认定该原告没有权利；同样一份存在瑕疵的公证书，有的人民法院采信，有的人民法院不采信；同样一首音乐作品，有的人民法院判赔数百元，有的人民法院则判赔上万元。裁判尺度的不统一，极大地损害了人民法院的公信力，也打击了权利人诉讼维权的信心。针对上述情况，2013 年 9 月北京市高级人民法院发布《专利侵权判定指南》，已经走出了第一步。但在科技纠纷审判的其他领域仍有必要及时总结知识产权审判中的新情况、新问题，统一裁判尺度，增强裁判结果的确定性。

（二）优化科技纠纷审判机制

深化科技体制改革和加快北京市创新体系建设，要求突出企业技术创新主体作用，强化产、学、研、用紧密结合，促进科技资源开放共享，各类创新主体协同合作。面对新形势、新要求，北京市人民法院应充分发挥各项审判职能作用，以激励创新源泉、增强创新活力、发展创新文化为导向，高度重视与科技成果孕育、创造相关的案件审理，遏制侵犯科技成果权的违法犯罪行为，有效激励自主创新和技术跨越；高度重视与科技成果流转、转化相关的案件审理，规范和引导技术创新活动，积极推动科技与经济社会发展紧密结合；高度重视综合采取各种有力措施，积极营造有利于科技创新的司法环境，促进智力成果创造、运用和管理水平的提高，为深化科技体制改革和加快国家创新体系建设提供有力的司法保障。

以专利、技术秘密、计算机软件和植物新品种等形式体现的科技创新类案件具有很强的专业性，审判中的法律问题与技术问题紧密相连。为有效解决专业技术事实认定问题，最高人民法院出台了一系列规定，对技术专家作为人民陪审员参加知识产权审判的资格认定、参与途径等进行了界定，这样就可以弥补司法审判人员专业技术知识方面的不足，保证科技创新知识产权案件司法保护的客观和科学。

（三）加速培养高素质科技纠纷审判人员

目前，北京市知识产权审判已形成“三级法院、十个知识产权庭”的新格局。基层基础建设和执法标准统一关乎知识产权审判全局和司法公信力。基层人民法院知识产权庭作为知识产权审判一线，承担了繁重的审判任务，同时新类型案件往往是由基层人民法院开始接触审理。因此，北京市高级人民法院要求各基层人民法院有针对性地加强对新建知识产权庭审判人员和新录用人员业务素质的培养，提升基层人民法院知识产权审判能力和水平，鼓励基层人民法院在知识产权审判机制和工作机制的改革创新。

为选拔、培养掌握高新技术知识的专家型和复合型知识产权司法审判人员，需要革新当前知识产权司法审判人员的教育、选任与培养思路，倡导主修与辅修相结合的知识产权司法审判人员学历教育，或者面向社会直接选拔通过国家统一司法考试的非法律专业技术类人才，优化知识产权司法审判人员的群体知识结构。对案件办理压力较大的法院，要配齐、配强审判力量，切实解决一些地方知识产权审判庭案多人少的问题。

北京市各级人民法院在积极探索知识产权审判专业技术事实查明的有效方式，建立和完善司法鉴定、专家辅助人、专家陪审员等技术事实查明制度，进一步打牢知识产权审判基层基础，加强知识产权司法审判人员队伍建设，大力推进知识产权审判事业科学发展，积极回应人民群众对知识产权审判的关切与期待。一是加强知识产权审判组织建设，进一步完善审判体系；二是加强知识产权司法审判人员的思想政治、司法作风与司法廉政建设，进一步促进司法公正；三是坚持对知识产权司法审判人员开展各种形式的定期培训，创造条件帮助司法审判人员熟悉知识产权审判的理论与实践，提高知识产权司法审判人员的司法能力建设，进一步提升司法权威。

参考文献

[1] 范晓峰．科技政策发展与科技法制建设：科技立法工作的回顾与思考［M］．北京：知识产权出版社，2006.
[2] 易继明，周琼．科技法学［M］．北京：高等教育出版社，2006.
[3] 陈乃蔚．科技法新论［M］．上海：上海交通大学出版社，2001.
[4] 陈俊．高新科技园区立法研究［M］．北京：北京大学出版社，2004.
[5] 于兆波．科技资源共享立法与政府职责研究［M］．北京：北京理工大学出版社，2008.
[6] 张耘．科技北京建设研究［M］．北京：中国经济出版社，2012.
[7] 张耘．“科技北京”——内涵与道路［A］//人文北京　科技北京　绿色北京研究文集，北京：北京出版社．2010.
[8] 张丽平．我国应强化政府在科技创新中的作用［J］．世纪桥，2009（2）.
[9] 颜振军．科技创新有形之手［M］．北京：红旗出版社，2011.
[10] 鲍悦华．国内外政府宏观科技管理的比较［M］．北京：化学工业出版社，2011.
[11] 蔡兵．政府在自主创新中的角色定位［N］．南方日报，2006－05－23.
[12] 黎安．政府在技术创新中的角色定位［J］．河南科技，2001（6）.

[13] 傅志才. 高新区建设与管理中的政府角色定位研究 [D]. 华中科技大学硕士学位论文, 2004.
[14] 陈劲, 等. 试论基础研究及其原始性创新 [J]. 科学学研究, 2004.
[15] 中关村立法领导小组编委会. 中关村国家自主创新示范区条例释义 [M]. 北京: 北京出版集团公司, 北京出版社, 2011.
[16] 马怀德, 张红. 科技资源共享立法问题研究 [M]. 北京: 中国政法大学出版社, 2008.
[17] 首都科技发展战略研究院. 首都科技创新发展报告 2012 [M]. 北京: 科学出版社, 2012.
[18] 段伟文. 科技创新与文明转型 [M]. 北京: 中国科学技术出版社, 2009.
[19] 张先恩. 科技创新与强国之路 [M]. 北京: 化学工业出版社, 2011.
[20] 袁望冬. 科技创新与社会发展 [M]. 湖南: 湖南大学出版社, 2010.
[21] 殷醒民. 重铸区域科技创新力 [M]. 北京: 清华大学出版社, 2012.
[22] 潘鸿, 毛健, 刘国斌. 科技创新与经济可持续发展 [M]. 北京: 经济科学出版社, 2012.
[23] 倪正茂. 创新型国家建设和科技法制保障 [J]. 政治与法律, 2006 (2).
[24] 罗玉中. 科技进步与法制建设 [J]. 科技与法律, 1998 (1).
[25] 赵立新. 技术创新法律保障问题论略 [J]. 江汉大学学报 (人文社会科学版), 2002 (4).
[26] 王春芳. 技术创新的法律保障研究 [J]. 河南机电高等专科学校学报, 2010 (4).
[27] 钱峰. 中国知识产权审判研究 [M]. 北京: 人民法院出版

社，2009.
[28] 奚晓明，孔祥俊．中国知识产权司法保护2010 [M]．北京：中国传媒大学出版社．2011.
[29] 最高人民法院民事审判第三庭．知识产权审判指导 [M]．2012 年第 1 辑（总第 19 辑），北京：人民法院出版社，2012.
[30] 最高人民法院民事审判第三庭．知识产权审判指导 [M]．2011 年第2 辑，北京：人民法院出版社，2012.
[31] 北京市高级人民法院民三庭．知识产权审判规范 [M]．北京：知识产权出版社，2003.
[32] 张玉瑞，韩秀成．我国知识产权司法体制改革报告 [N]．知识产权报，2006-08-25.
[33] 林广海．"三审合一"——知识产权案件司法保护新机制述评 [J]．河北法学，2007 (2).
[34] 杨志祥，梅术文，龙龙．我国知识产权司法保护体制改革的探索与完善 [J]．东岳论丛，2012 (11).
[35] 张华．科技创新知识产权的司法保护 [J]．科技进步与对策，2011 (12).
[36] 湖北省高级人民法院民三庭课题组：知识产权司法保护的主导作用研究——以湖北省司法与行政"双轨制"知识产权保护为研究对象 [J]．湖北行政学院学报，2012 (2).